商业简史

刘润 著

中信出版集团 | 北京

图书在版编目（CIP）数据

商业简史 / 刘润著. -- 北京 : 中信出版社,
2020.8（2022.7 重印）
ISBN 978-7-5217-1988-8

Ⅰ. ①商… Ⅱ. ①刘… Ⅲ. ①商业史—世界 Ⅳ.
①F731

中国版本图书馆CIP数据核字（2020）第107708号

商业简史

著　　者：刘润
出版发行：中信出版集团股份有限公司
（北京市朝阳区惠新东街甲4号富盛大厦2座　邮编　100029）
承 印 者：鸿博昊天科技有限公司

开　　本：880mm × 1230mm　1/32　　印　　张：8.25　　字　　数：170千字
版　　次：2020年8月第1版　　印　　次：2022年7月第8次印刷
书　　号：ISBN 978-7-5217-1988-8
定　　价：69.00元

服务热线：400-600-8099
投稿邮箱：author@citicpub.com

目录

自序 你的前途里，有你吗

第一章 商业到底是什么

第二章 连接，是结构改变的元动力

第三章 线段型商业，商业世界的第一次进化

第四章 中心型商业，商业世界的侏罗纪时代

第五章 去中心型商业，合久必分的趋势

第六章 全连接型商业，商业世界的乌托邦

第七章 我们如何顺势而为

自序

你的前途里，有你吗

问我最多的两类问题

作为一名商业顾问，我经常遇到两类问题。

第一类是创业者问的：

润总，我将要做的这件事，有前途吗？润总，这件事，值得做吗？润总，那件事，能赚钱吗？

这类问题，大约占一半。

而我被问到的另一类问题，来自那些我做顾问的、急需转型的传统企业。它们的问题非常复杂，但千言万语汇成一句话，就是：

润总，我正在做的这件事，还有救吗？

不管是新型创业公司的“有前途吗”，还是传统转型公司的“还有救吗”，我都会回答：你们这些问题全问错了。

正确的问法不是“我有辉煌的前途吗”，而是：“在那个注定辉煌的前途里，有我吗？”

我的回答

什么意思?

商业毫不关心你的方向，而你必须关心商业的方向。

顺应了方向，一路呼啸着奔腾入海；否则，你就会成为逆水而上的鱼，费尽所有力气，依然在原地打转。

企业，是一条鱼；商业，是环绕着鱼的水。对于水，先知道，再看到，然后顺应流向。

《商业简史》，就是一本写给鱼的，关于水的书。

无论你是创业者、管理者、企业家，还是一个生活在商业世界的普通人，我都希望你能看透我们当下的商业环境，了解未来的商业趋势，把自己像金子一样宝贵的努力，用对用好。

看懂方向有多重要？我举个例子。

2019年，有一次我去长沙出差。在一个购物中心，偶遇美妆品牌“完美日记”的门店。

门店很漂亮，东西很便宜，很多人在里面逛。

一个小姑娘走过来，对我说：随便看，今天扫二维码加微信，送一包化妆棉。

咦，这个有趣。

到门店来买一次口红，就是一次“交易”。但是消费者一年来不了几次，怎么办？加微信好友。加微信，就是用一次触点，换无限触点。

我立刻上网搜，看看他们这么做的效果如何。你猜，他们就这样加了多少个微信好友呢?

几百万个。

对完美日记来说，开店的核心，不是卖东西，而是加微信。

通过加微信的方式，把自己这个生产节点和消费节点直接连接，绕开购物中心，从而降低交易成本，把一支300元的口红卖到60元。最终只花了三年时间，就生生把自己从零做成一个年收入30亿元的大品牌。

而某些传统大牌，几十年也没有做到30亿元。

商业进化的方向，到底是什么？

网络密度越来越高，交易成本越来越低。

你必须深刻理解这个方向，并顺应这个方向，才不辜负你金子一样宝贵的努力。

这本书"新"在哪儿

2016年，我在得到App（应用程序）上线了《刘润 · 5分钟商学院|基础篇》；2017年，上线了《刘润 · 5分钟商学院|实战篇》。这两门课都是关于鱼的课程，教你成为所有的鱼中间，最会游泳的一条，是教你"怎么做"。

而《商业简史》是一本关于水的书。这本书，是教你成为所有的鱼中间，最懂水的方向的一条。这本书，是教你"做什么"。

这就是我们常说的：选择，比努力更重要。通过这本书，我希望你能成为最会选择、最会顺势而为的那条鱼。

如果你学过《5分钟商学院》，掌握了真刀实枪的打法，请用这本书及时校准自己的方向，避免做无用功。

如果这本书是你读的第一本商业书，恭喜你，你的商业认知大厦一定会比别人更高、更牢固，因为这本书为你打下的地基会更深、更扎实。

这本书教你啥

本书分为七章，围绕关于商业的五大问题展开：

1. 商业到底是什么？

这个问题，是一切商业问题的根基，是判定一路狂奔、没有时间停下来思考的创业者是否在正确赛道上的问题。我会告诉你，货币和商人的本质是什么，所有交易都要克服的两大难点；我还会为你拆解囊括了所有交易形式的七大类成本，最后帮你看懂商业发展的第一条线索：交易成本。

2. 商业为什么能进步？

资本、制度、技术，到底是谁在推动着商业的进程？都不是。商业发展的底层推动力，只有一个，是什么？如果看得不够透彻，那就像是在浑水里游泳，晕头转向。我会带你快速纵览商业发展的全景，抽出第二条透视商业的线索：网络密度。

3. 商业从哪里来？

不抽象，就无法深入思考。我们抛却传统视角，从两条线索“交易成本”和“网络密度”出发，把过去的商业形态重新抽象成“线段型商业”和“中心型商业”，了解商业是如何走来的，摸清商业机会在未来迸发的规律。

4. 商业到哪里去?

所有的历史，都是未来史。了解了商业从哪儿来，我们再顺着这两条线索，看看未来往哪儿去。一路狂奔，我们会看到“去中心型商业”和“全连接型商业”。在那时，哪些机会即将从火山中喷发？谁已经在我们犹豫的时候，抢跑了半圈?

5. 我们如何顺势而为?

不还原，就看不到本来面目。在一路奔腾入海的道路上，我们如何才能真正顺势而为？如何区分你赚的是红利、工资，还是利润？在成为劳动者、中奖者、套利者和取势者之间，你又要如何选择？我们如何书写自己的商业未来史?

一起跳入商业的海洋

鸟儿身处天空，而不知什么是天空；鱼儿身处水中，而不知什么是水；我们身处商业，常常不知什么是商业。

我们常问:

我有辉煌的前途吗?

这个问题应该这么问:

在商业那个注定辉煌的前途里，有我吗?

祝愿你成为最懂商业的那位创业者、管理者、企业家，或者最懂商业的普通人。祝愿你能顺势而为，在商业那个注定辉煌的前途里，如鱼得水。

欢迎你和我一起跳入商业的海洋。

第一章

商业到底是什么

第一节 商业的本质，是交易

微小的成功靠努力，偶尔的成功靠运气。而巨大的、持续的成功，一定是依靠对商业本质的深刻洞察和牢牢把握。

你的大米，老王的鸡，张阿姨的布

我先给你讲个故事。

你们家是种大米的，一年亩产200斤，差不多够你们一家人吃。自己种大米，自己吃，这是商业吗？

显然不是，这是自给自足的小农经济。

后来，你开始学习先进的水稻种植方法，年亩产量逐渐提高，400斤，600斤，现在已经1 000斤了。你们家只能吃200斤，剩下的800斤，你分给村里邻居、老人吃，或者在祭祀时供奉先人。这是商业吗？

仍然不是，先进的水稻种植方法，是技术创新。因为技术创新，你变成一个富农了。

米越来越多，你开始研究米的花式吃法。除了煮饭，还做成米线、米糊、米糕，甚至做成糨糊，用来把陈年报纸贴在墙上做装饰。你的“产品”开始多元化了。这是商业吗？

依然不是，产品线的多元化，是产品创新。因为产品创新，你成为一个充满想象力的富农。

那到底什么是商业呢？

只有你拿着大米，对隔壁老王说：老王，我们家大米吃不完，和你换只鸡呗。老王说：好啊。从这一刻开始，你才变成了一个商人。你的大米，从自给自足的产品，变成用来交换的商品。

我们都学过一个基本的经济学概念：

用于交换的产品，叫作商品。

为什么？因为在这一刻，你才会面临商业世界里经典的4P理论（Product：产品；Price：价格；Promotion：营销；Place：渠道）中，除产品之外的其他3个P。

怎么交换？

首先，你要定价。

老王说：好啊，那你用多少大米换我一只鸡呢？

你说：用1斤大米换10只鸡。

老王说：你怎么自己不变成鸡，飞上天呢？不换。

为什么？因为老王觉得便宜了。

什么叫“便宜”？你一年辛辛苦苦种1 000斤大米。老王一年辛辛苦苦养200只鸡。1斤大米换10只鸡，20斤大米换200只鸡，折算下来，就是你要用一周的劳动成果，换走老王一整年辛苦劳动的全部成果。老王当然不答应。

老王可能并不懂得上面的计算，但是他的脑海中有个声音，悄悄地告诉他：不划算。

这个声音就叫“商业”。“商业”算了一笔账：

如果1斤大米真的可以换10只鸡，老王第二年就不养鸡了，也去种大米。他就算种不出1 000斤大米，只种出来500斤，按照1斤大米换10只鸡的换法，也能换回5 000只鸡。这可比自己一年辛辛苦苦才养了200只鸡合算多了。

“商业”立刻制止了老王。因为老王一旦真的同意了，那整个村子里原本养鸡的人，都会去种大米。最后到处都是拿着大米找鸡的人，却一只鸡也找不到。这个“定价”不合理。

那多少愿意换呢？你问。

老王想了想：5斤大米换1只鸡。

这时，你的脑海中也有个声音悄悄地告诉你：可以换。为什么？你不知道，但是商业知道。5斤大米换1只鸡，1 000斤大米正好换200只鸡。你一年的劳动果实，正好换老王一年的劳动果实，谁也不吃亏。那就用50斤大米换10只鸡吧。

更重要的是，你算了一笔账。如果你不服气这个价格，决定少种50斤大米，用省下来的时间和成本养鸡，你能养出10只鸡吗？多半养不出来。因为你缺乏养鸡的经验，而且没有规模效应。自己养，还不如用种的大米换。

这就是定价（Price）。

现在，你手里有了用50斤大米换来的10只鸡，和剩余的950斤大米。大米你还是吃不完，怎么办？你看上了张阿姨家的布、小李家的羊。一个一个上门去换？太麻烦了。

你决定在村口贴一张告示：

我家有上好大米，欢迎用布匹、羊肉、菜籽油来换。

这就是营销（Promotion）。

很快，你的手里就有了三尺花布、两只羊腿、半缸菜籽油，以及剩余的700斤大米。附近村子的村民听到后，也想找你换米。牛村的，有耕地的牛；铁村的，有菜刀和铁锹。他们都想找你换，还想换花布、换羊腿、换菜籽油。那怎么办呢？

你想了一个好办法。要不，我们就约好，每个星期六上午十点，在三个村子的交界点支个摊子。我把大米扛过去，你把牛羊牵过来，他把油和布背过来，一起换。

三村交界点，就是渠道（Place）。

太阳下山前，每个人都心满意足地带着自己需要的东西回家了。

又是富足的一年。

什么是商业？

把大米这个“产品”（Product）种出来，不是商业。种得再多，种得再好，都不是商业。因为你不能只吃大米，他不能只吃鸡，你们必须交换。只有通过“定价、营销和渠道”等一系列方法、手段、工具进行交换，你们各自丰富多彩的需求，才能彼此得到满足。

交换，是这一切得以发生的最根本手段。

商人的天命，是促成商品交易

产品、价格、营销、渠道，如果让你把这四件事归个类，你会怎么做？

产品，是单独一类，我们称之为“生产”。价格、营销、渠道，这三件事是一类，我们将之统称为“交易”。价格、营销、渠道的存在，都是为了帮助产品完成交易。

亚当·斯密（Adam Smith）在《国富论》中认为：

> 商品之间的交换，是自古到今，一切社会、一切民族普遍存在的经济社会现象。之所以如此，是因为参与交换的各方都期望从中获得报酬或利益，也就是获得对自身某种需求的满足。

这一节，我希望你至少记住三句话。下面是第一句：

商业，不是一门关于生产的学问；商业，是一门关于交换的学问。

那么问题来了，你觉得，你的财富是通过种大米“生产”出来的，还是通过价格、营销、渠道“交易”出来的？

作为商业的起点，物物交换这件事（比如用大米换鸡）的效率很低。因为物物交换需要三个“双重巧合”：

> 1. 需求的双重巧合，双方手中的物品恰好是对方所需要的。
>
> 2. 时间的双重巧合，双方恰好都想在某段时期把手中的物品交换出去。不能你想用两把斧子换人家一只羊，人家说等半年后羊长大了再换。
>
> 3. 数量的双重巧合，双方用于交换的物品的价值，恰好都能

被对方认可是相等的。

随着交换的范围越来越大，交换的物品种类越来越多，同时满足这三个双重巧合的交换就变得非常困难。在这种效率下，你手上可能最终会有500斤大米交换不出去。而你家只能吃掉200斤，于是就有300斤霉变坏掉，最后被扔弃。

如果交易的效率一直都很低，第二年或者第三年，你就会少种300斤大米，反正种出来也是浪费。而此时，张阿姨可能也因为交易效率太低，少织了10匹布，老王也少养了50只鸡。这时，整个村子的财富总量就下降了。

你看，交易效率降低，整个村子的财富就会减少。反过来说，如果大量的人拿着各种你渴求的东西，吃的喝的用的玩的，来和你交换，你垂涎欲滴，因而可能会日思夜想，明年怎么改进农艺，才能种出2 000斤大米，把想要的东西都换回来。

“商业”这个词，和财富紧紧相连。但是，财富到底从哪里来？财富，是在“交换”的强烈刺激下，用越来越高效的“劳动”创造出来的。

这一节，我希望你记住的第二句话，就是：

劳动创造财富，交换激励创造。

怎么提高你我的财富总量？很简单，提高我们之间的交换效率。

物物交换必须依存于三个双重巧合，效率太低。于是朴素的人类开始寻找能够不需要“巧合”的交易方式。这种方式，显而易见，就是把一次物物交换（exchange），拆分为“买”和

“卖”两次交易（transaction）。而这种拆分，必须要有一种“中间形态”的等价物存在。

这种一般等价物，就是货币。有了货币后，商品的交换，就从以前的“物品↔物品”，变成了“物品↔货币↔物品”。

货币，是交易的媒介。

从商品到货币，叫作“卖”；从货币到商品，叫作“买”。货币的作用，是通过把价值抽象为价格，把交换切分为买卖，提升交易的效率。

为什么“把价值抽象为价格”“把交换切分为买卖”，能够提高交易效率？因为这样，生产者再也不需要关心谁是消费者，他们只需要把商品换成货币。拿到货币之后，他们立刻变为消费者。消费者再也不用关心谁是生产者，他们只需要拿钱去换商品。

这不是一本关于货币银行学的书，我在这里花了些笔墨写货币，是想让你知道，所谓货币的本初价值，就是提高交易的效率。一切能提高交易效率的发明，都是商业进步的推动力。这种推动力，不仅包括“钱”，还包括“人”。

有了货币之后，生产者和消费者之间，就出现了一类特殊的人群：商人。

商人，也是交易的媒介。

商人既不生产，也不消费。他们看上去似乎是一个中介，不创造任何价值，只是从生产者手上把东西买来，然后卖给消费者，“吸血”似的赚取差价。

因此，商人常常被误解。

在中国古代，他们是被歧视的，“士农工商”，“商”排最后。新中国建立后，相当长一段时间，刑法里还有一个罪名——投机倒把罪[1]。

但是，如果没有商人这个媒介，你拿着大米，不知道去找谁换成货币。你没有“交易的对象”，货币不会和你交易。拿着货币的商人，才会和你交易。

商人有着巨大的价值。他们就像血液里的红细胞，把货币和商品运送到商业世界毛细血管的最深处。没有商人，就如同没有货币，产品无法通过交易进入流通市场，生产者的生产力和消费者的需求都会被遏制，整个社会也不可能富有。

因为“商人”的出现，“商业”一词也随之产生。什么是商业?

商业，就是以买卖的方式促使商品流通的经济活动。

所以，商人又被称为“买卖人”。商人，连接了“买”与“卖”两种交易。

这一节，我希望你记住的第三句话是：

货币切分了买卖，商人连接了交易。

商业的本质，是交易。商人的天命，是促成商品交易。

所有的交易，都是在两个（或者更多）交易节点之间完成的。要想完成自己的天命，促成商品交易，商人就必须“修路造桥”，跨越交易节点之间的两个天堑：

信息不对称，信用不传递。

1 1997年，刑法废除“投机倒把罪”。2008年，国家废除《投机倒把行政处罚暂行条例》。从此之后，这四个字才彻底从法律体系中消失。

第二节 交易的天堑：信息不对称，信用不传递

马云说，阿里巴巴的使命就是“让天下没有难做的生意”，那么，天下的生意为什么总是难做呢？这一节，我们试着找出答案。

还记得我告诉你的三句话吗？

1. 商业，不是一门关于生产的学问；商业，是一门关于交换的学问。

2. 劳动创造财富，交换激励创造。

3. 货币切分了买卖，商人连接了交易。

我希望你记住一个结论：

商业的本质，是交易。更先进的商业，就是更高效率的交易。

但是，这世间的万事万物相生相克。有好，就有坏；有黑，就有白；有上帝，就有撒旦；有英雄，就有恶龙。

在商业世界，既然有英雄（比如货币和商人）在促进交易，就一定有恶龙在阻碍交易。

这一节，我们就来讲讲，无时无刻不在想方设法阻碍交易的两条恶龙：信息不对称和信用不传递。

什么是信息不对称?

信息不对称，就是我知道一些你不知道的事情。（见图1-1）

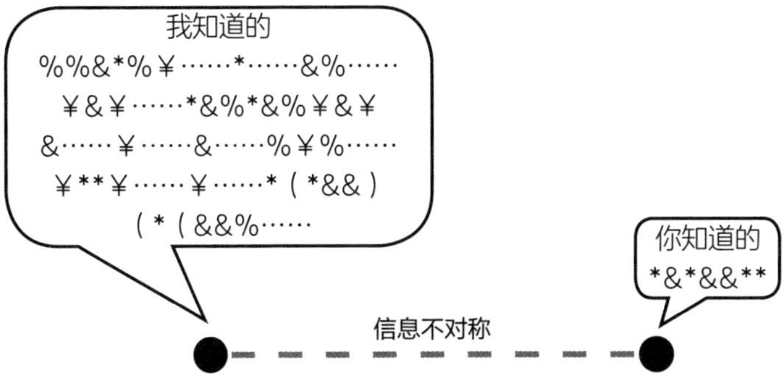

图1-1

张三到东北的朋友李四家玩，吃到他家自己种的大米做的米饭，惊了，说：你们家的米怎么可以这么好吃啊？哪里买的？我也去买点。

李四说：不是买的，自己家种的。你要是喜欢，就带点回去呗，都是好朋友，要啥钱。

张三说：不行，那多不好意思，我还想吃完再来呢。你就算个价钱吧，我以后才好开口。

李四说：那就5元钱一斤吧。

张三说：好，给我200斤。

张三回到上海。有一次，王五到他家吃饭，惊了，说：你们家的米怎么可以这么好吃啊？哪里买的？我也去买。

注意，关键的地方来了。

这时候，张三想：我知道一些你不知道的事情。我知道这个大米是从哪里、从谁手上、花多少钱买来的，但是你不知道。那我想怎么说，就可以怎么说。

张三说：就不告诉你。你要是想吃，来找我啊，20元一斤。这么好的米，上海超市要40元呢。

你看，这时候张三就开始做起了“买卖”。这个买卖的交易结构，是张三从李四手上，用5元的价格买到大米，然后用20元的价格卖给王五。张三作为“中间商”，赚了15元差价。

这15元的差价，张三几乎（我是说几乎）没有为此付出任何劳动；这15元，仅仅是“信息不对称”，也就是“我知道一些你不知道的事情”，给张三带来的收益。这就是利用“信息不对称”赚钱。（见图1-2）

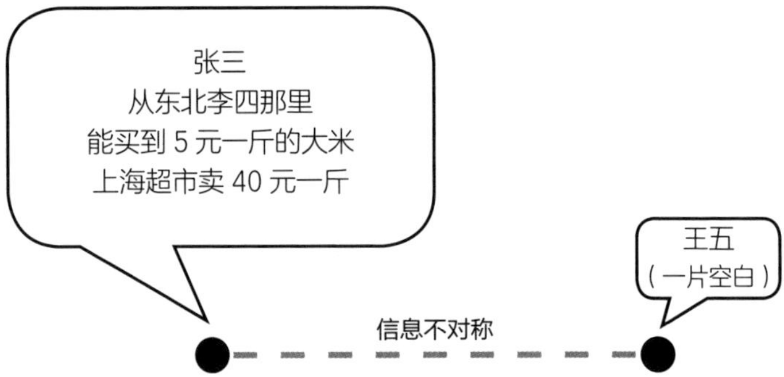

图1-2

在信息不对称的时候，掌握有效信息更多的一方，常常具有相对优势，并可以因此获利。一旦获利，就会成为既得利益者，在没有外力影响的情况下，几乎不会放弃这份利益。

几乎什么都不用做，就能获得15元的差价，这份利益合法且诱人。但是，这份利用“信息不对称”而平白获的利，成为整个交易链条上的“摩擦力”，它从客观上减少了买家的购买意愿，减缓了商品的流通，抑制了生产者创造的热情，最终减少了整个社会的财富总量。

听上去，张三就是那条“恶龙”啊！如果张三也买了这本书，读到这里，他可能会非常不服气：

你凭什么说我成为整个交易链条上的“摩擦力”？如果没有我的话，王五要用40元才能买到这种大米，因为我，他20元就买到了。这不是好事吗？进货价是我的商业机密，我凭自己的本事赚钱，有什么错吗？

张三，你好。请先不要生气。你是一个优秀的商人。

信息不对称，不是一个非黑即白的概念，它是一个灰度的概念。

我们先假设，在这个商业世界中，没有本地超市，也没有你。这时，王五和米农之间的“信息不对称度”是100%。（见图1-3）因此，他们完全无法交易，这是他们双方的损失。

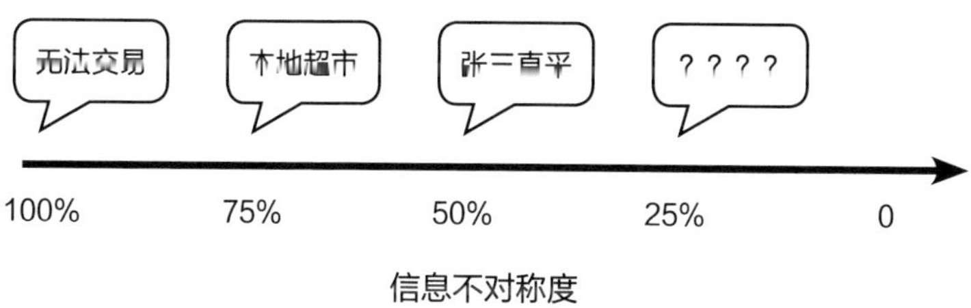

图1-3

然后，有了本地超市（经营者也是优秀的商人），一定程度上连接了王五和米农，降低了“信息不对称度”（比如说到了75%），促进了商品交流。你的朋友王五，至少可以买到好吃的大米了。

那么你呢？因为你和两位朋友的直连，把信息不对称度进一步降低（比如降到了50%）。王五在你这里买大米，比在本地超市还要划算。你做出了杰出的贡献，你是英雄。

但是，这个“英雄屠杀恶龙”的游戏，就此结束了吗？

当然没有。信息不对称依然存在，只要存在，交易就有摩擦。只要有摩擦，就会有更优秀的商人冲进来，进一步减小摩擦力。因为商人的天命，是促成商品交易。

今天出现了一个后生可畏的新英雄：生鲜电商。

因为生鲜电商的存在，王五可以说：20元，你咋不上天呢？你不告诉我，我还不会搜吗？

过去王五可以去超市问，现在可以上网搜。今天互联网提供的“搜”这个动作，本质就是一种减小信息不对称的努力，它也许可以瞬间帮助王五找到一个东北本地的大米农户，用10元钱的价格买到大米。

这个提供“搜”的功能（当然，还有信用机制）的网站创立者，就是一个比张三更优秀的商人。因为，他打破了张三为获利而构建的信息不对称，进一步减小了交易节点之间的摩擦力。

王五上生鲜电商一搜，立刻获得了更多的信息：你们说的那种大米，成本只有5元，现在产地直供，10元就能买到了。生鲜电商再次降低了信息不对称度（比如降到了25%）。

现在我们回过头来看整个故事。

本地超市是英雄，挑战无法交易这条“恶龙”，并大获全胜；但是过去的英雄，一旦成功，就长出了既得利益的鳞片，变成“恶龙”。然后，张三出现了。张三是英雄，挑战本地超市这条“恶龙”；可是张三成功后，也长出了鳞片，守护基于信息不对称的既得利益，变成“恶龙”。再然后，生鲜电商出现了，挑战张三这条“恶龙”。

这是一个无休无止的“英雄与恶龙”的故事。

真正的那条“恶龙”，不是本地超市，不是张三，也不是生鲜电商，而是像“魔戒”一样诱惑人心的“信息不对称”。

机灵的商人把“信息不对称”当作朋友，伟大的商人把“信息不对称”当作对手。

利用“构建”信息不对称赚钱，是一种重要的（短期）赚钱办法；利用“打破”信息不对称赚钱，才是一种更重要的（长期）赚钱办法。

关于信息不对称，我再举个例子。

你和小伙伴去某著名海滨城市旅行，很兴奋，决定出门去吃顿海鲜。你们走进一家海鲜餐馆，看到水缸里有一条从来没有见过的鱼，就问老板：老板，这是什么鱼啊？

你猜这时候，老板会干什么？他可能会一把把鱼从水缸里捞出来，在地上摔死，然后告诉你，这是什么鱼，200元一斤。这条鱼，30多斤，6 000元。

你说：老板我就是问问，你摔死它干吗？

老板说：啊？我以为你要点呢！

你说：我不要。

然后你转身就走。这时候，围过来二十几个大汉。你走得了吗?

这种宰客的现象，虽然有关部门不断强调零容忍，但是在旅游景点依然屡禁不止。为什么？因为“信息不对称”。

大部分人这辈子只会去一两次这个旅游城市。你两次进同一家餐馆吃饭的概率，几乎为零。也就是说，进店的每一位客人，这辈子只来一次。你站在店老板的角度想想，他的最佳策略会是什么?

当然是宰“死”你为止！反正你以后再也不来了。

你和店家的关系，叫“单次博弈”。你被宰完之后，获得的“这是家黑店”的宝贵信息没有用处了，在你的愤愤不平中被浪费了。

但是，你在你家门口的菜市场买菜。你说：今天的西红柿怎么比昨天贵两毛钱？你是不是欺负我不懂行情啊？菜农赶紧跟你解释，不是不是，这两天下大雨，菜进价就贵，过两天就便宜了。你相信我，我天天在这里卖菜。

你听说他天天在这里卖菜，是不是就会心安一点？为什么？因为你们俩之间是“重复博弈”的关系。万一这个菜农骗了你，你可以利用“这是家黑店”的宝贵信息，在下一次购买时，选择别家，降低他的获利，惩罚他。你甚至可以把这个信息告诉所有邻居，让他们都不要去他家买菜。

你的“信息”，很容易在这个菜市场“对称”。

这个菜农，是比那个餐厅老板更优秀的商人，因为他懂得如何在“信息对称”的情况下，依然获利。

回到那家海鲜餐馆。

餐厅老板会不会有一天良心发现，不骗人了呢？当然有可能，但这很难。因为每天，他心中都要做出“利用信息不对称获利”和“我是个好人”之间的博弈。有时候获利赢，有时候好人赢。

怎么办？

这时候，“大众点评”App就发挥了巨大价值。如果你被一家店“宰”了，现在连12315都不用打，直接在大众点评上给个差评。然后，本来想去这家店吃饭的人，看到这个差评，可能就不去了。

因为大众点评把“这是家黑店”的信息，在未来的消费者群体中“对称”了。从此，餐厅再也不敢轻易“宰客”了。

你看，一旦商业文明把“信息不对称度”往更透明的方向推进几个百分点，就会有一群“机灵”的商人倒下，一批“伟大”的商人崛起。

什么是信用不传递？

信用不传递，就是离我越远的人我越不信任。（见图1-4）

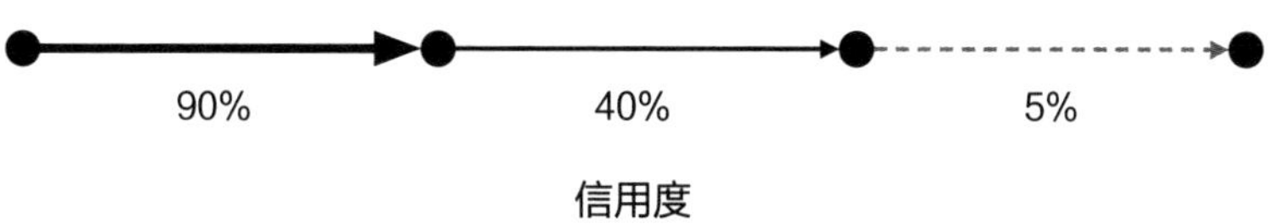

图1-4

原始社会里的物物交换，是在双方部落共同见证下完成的。一手交大米，一手交羊肉，两清。除了你撒腿就跑，我追不上你外，不存在信用不传递的问题。

自从一次物物交换，被切分为“买”和“卖”两次交易，去掉了三个“双重巧合”后，买家和卖家就可以跨越空间、跨越时间交易了。这是好事，但也带来了风险：万一他拿了货不付款呢？万一他借了钱不偿还呢？

这时，交易双方，先付出的那个人就承担了风险。通常，他只愿意为他认为值得“信任”的人，也就是有“信用”的人，承担风险。

举个例子。

你亲哥哥向你借1万元，你会借给他吗？当然借！

需要写个借条吗？写什么借条，拿去用。方便的时候再还给我。

为什么？因为你们从小一起长大，你对他足够“信任”。换句话说，他在你这里有“信用”。

但是，你亲哥哥最好的朋友向你借1万元，你会借吗？

你可能会问你哥哥，真的要借给他吗？万一他不还怎么办？谁的钱都不是天上掉下来的。请他写个借条吧，或者把手表押在我这里。

为什么？因为你当然不会像信任你亲哥哥那样，信任他的好朋友。他在你这里没有“信用”。他在你哥哥那里有信用，但是这份信用，没办法无损地传递给你。

如果你亲哥哥最好的朋友的下属向你借1万元，你会借吗？你可能会说：没钱！

这时候，只有用无风险的抵押，以及合理的利息来“增信”，你才会愿意帮他这个忙。不管你亲哥哥最好的朋友如何信任他的下属，这份信用，传递不到你这里。

这就是“信用不传递”。

信用不传递这条“恶龙”，在每个交易线段上，都要吃掉大量信用，导致因为信用太容易损耗，交易只能在小范围内发生。而商人们一旦需要在大规模、远距离的陌生人之间促成交易，就会遇到非常大的阻力。

商业的本质，是交易。而交易节点之间的“信息不对称”和“信用不传递”，小的是沙子，大的是巨石，再大可能就是横亘在交易节点之间的天堑。

在整个商业史上，我们所看到的每一个商业创新，几乎都是对天堑的宣战；而我们看到的每一次商业进化，几乎都是天堑变通途的胜利。

第三节 商业进化：跨越天堑，降低交易成本

商业进化史，就是一部商人们不断战胜信息不对称、信用不传递，提高交易效率的历史，就是一部英雄不断战胜“恶龙”的历史。

但是，只要是战争，就有代价。

商人们为了战胜信息不对称、信用不传递这两条“恶龙”，必须付出的代价，就是：交易成本。

有人说，要想教一只鹦鹉成为经济学家，只需要教它学会一个词：供需关系。套用这个句式，要想教这只鹦鹉同时成为商业大咖，只需要再教它学会第二个词：交易成本。

那么，到底什么叫交易成本？

最早提出交易成本概念的，是著名经济学家、诺贝尔经济学奖获得者科斯[1]。他是这么定义交易成本的：

> 交易成本，也叫交易费用，是指达成一笔交易所要花费的成

1 交易成本理论的核心观点，呈现在科斯于 1937 年发表的《企业的性质》一文中。《企业的性质》是让科斯获得 1991 年诺贝尔经济学奖的两篇论文之一，另一篇是《社会成本问题》。科斯对交易成本问题研究的另一个重大贡献，是对交易成本进行了分类，这让我们更清晰地了解，到底是哪些成本降低了交易效率。

本，也指买卖过程中花费的全部时间和货币成本。

还是不懂？先举个例子。

你想通过炒股软件，买入100股某公司的股票。交易完成时，除了用来买股票的钱，一般还要多付1‰左右的费用给证券公司。

我是从另一个股东手上买股票，为什么要付钱给证券公司？

因为你和那个股东之间信息不对称（谁正好有100股想卖？）、信用不传递（你不是骗子吧？），所以，一条深不可测的“交易天堑”，让你们两个交易节点之间的摩擦力几乎无穷大。

那怎么办？

证券交易所，花钱买服务器，雇人写交易系统，然后管理一个巨大的运营团队，日日夜夜保证交易不出问题。证券公司，则花钱雇用团队，把尽可能多的买家和卖家拉到这个系统上来，促成交易。然后，你终于可以跨越千山万水，和另一个“素不相识、从未互信”的股东完成这100股的交易。

证券公司和证券交易所，减小了信息不对称、信用不传递带来的摩擦力，但也同时为减小摩擦力而付出了成本，比如服务器成本、网络成本、管理成本、营销成本等。

这些成本，就是“交易成本”。

你说，我觉得不值。我直接找到这家公司的股东，直接从他手里把这100股股票买过来，不就不用支付这1‰了吗？

没错，你确实不是必须支付这1‰。但是，你首先托人认识他，然后从家里开车（或者坐地铁、叫专车）去对方那里，沟通、谈判，最后签合同、过户、成交，其中所花的时间、金钱，是你的交易成本。最后你可能会发现，你“自创”的克服摩擦力的方法所带来的成本，可能比证券公司的1‰高很多。

证券公司之所以能够存在，就是因为它克服摩擦力的成本比你低。

再举个例子。

你想买一款去屑洗发水。某个大品牌虽然效果很好，但是很贵，要200元一瓶。你有一次听说，这瓶洗发水的生产成本其实只有50元。你非常气愤，觉得自己被骗了。

200元-50元=150元。这150元，我们通常称之为“品牌溢价”。品牌溢价，就是你和这瓶洗发水之间的“交易成本”。

你说我不想支付这个“交易成本”，我直接找到工厂，直接用50元的价格购买。然后，你在微博上发了条消息，寻求靠谱的去屑洗发水工厂。你要求，效果必须和那个大牌一样。然后，你收到了2 000条工厂发来的消息。一开始，你很得意地想：看，不需要你这个品牌，我也找得到洗发水厂家。

但是，很快你就发现，这2 000个工厂都声称自己的去屑效果和那个大品牌一样。但是它们的价格从1元到800元不等。你一下子就蒙了，不知道怎么选。

你只好花很多时间来研究洗发水去屑的原理、不同工艺之间的差别，以及这些厂家的历史。花了几个星期的时间，都没看完一半。最后，你决定放弃。算了，还是买那个大品牌的吧。

你突然明白，那150元的交易成本其实很便宜。因为你自己选，其实就是把品牌商做的所有事情，重新做了一遍。而你可能要花15 000元的时间价值，才能选出一款同样品质的洗发水。这15 000元，就是你自己选的交易成本。

品牌溢价不是让用户多花钱，而是让用户省钱。省什么钱？省"交易成本"的钱。

所谓的商业进化的历史，本质上就是勤劳、勇敢而聪慧的商人们，不断跨越天堑、降低交易成本的历史。证券公司、品牌溢价等，都是如此。

著名经济学家张五常曾经在一次演讲中说：

> 一个地区的交易成本越高，这里的人就越穷；交易成本降低一点点，人民生活就会快乐很多。

很多不理解商业的人，把商人，尤其是中间商，当成"增加了的交易成本"。这个理解是因果倒置的。商人不是来增加交易成本的，而是降低交易成本。

越优秀的商人，越懂得如此。

那么，有哪些典型的"交易成本"呢？优秀的商人们，又是如何来降低这些成本的呢？

诺贝尔经济学奖得主、新制度经济学的命名者奥利弗·威廉姆森（Oliver Williamson），在1975年细化了科斯的交易成本理论。他认为，具体来说，交易成本包括以下几种：

> 搜寻成本、信息成本、议价成本、决策成本、监督成本、违约成本。

达尔曼（K. Darman）在1979年提出交易成本的另一套细分方法：

搜寻信息的成本、协商与决策成本、契约成本、监督成本、执行成本、转换成本。

之后的学者，又进一步根据消费者的决策流程，把交易成本分为三类七项：

第一类“购前”：包括搜寻成本、比较成本、测试成本三项交易成本；

第二类“购中”：包括协商成本、付款成本两项交易成本；

第三类“购后”：包括运输成本、售后成本两项交易成本。

在每一笔真实的交易中，至少会有一种交易成本出现，更多的时候是三四种交易成本一起出现。

交易成本，是为克服交易阻力而付出的代价。

优秀的商人之所以优秀，就是因为他们不仅取得了胜利，还在不断减小胜利的代价。

如何降低这些成本？我们依次分析。

1. 搜寻成本

假设你家有一台10年前买的电视机，一直舍不得扔。突然有一天，它的遥控器坏了。

你到楼下的电器修理铺问，有没有这个型号的遥控器卖？修理铺的老板说，这款电视机也太老了吧。我们这里没得卖，你去街尾的那家店看看。

你只好拿着这个遥控器去街尾的店铺。街尾的电器修理铺老板说，我们家也没有，我们只卖最新款电视机的遥控器。这家电视机厂商的官方维修点离这里不远，开车20分钟，你要不去看看吧。

最后，你在官方维修点买到了新的遥控器。其实很便宜，50元钱。请问，你为这只遥控器花出去的成本，只有50元吗？

显然不是。

你下了楼，从街头走到街尾，然后回去取车去官方维修点，开车来回40分钟。全程大约花费2小时。这2小时的时间花费，也是你买到这只遥控器的成本。假设你一小时的时间成本是100元，那你一共花了200元。这200元就是你的“搜寻成本”。搜寻成本是一种随处可见的“交易成本”。

但是，这笔“随处可见”的搜寻成本，并没有计入商品价格。商品价格还是50元。你甚至没有意识到这笔搜寻成本的存在，你只是隐隐约约觉得跑那么远买个遥控器不值得。

为什么有这种感觉？因为你实际花了250元。

实际成本（250元）=商品价格（50元）+搜寻成本（200元）

所有的交易成本，都包括两部分：买家付出的交易成本和卖家付出的交易成本。

买家交易成本是价外成本，是隐藏的，比如搜寻成本，它越高，买家交易的意愿就越低；卖家交易成本是价内成本，是可见的，它越高，商品价格就越高。

那怎么办？上万能的淘宝啊。

在淘宝上“搜寻”，你可能几秒钟之内就发现，在安徽安庆的一个小店，居然有500个这种遥控器的库存，卖80元一个。这家小店附近，会有500个人正好需要这种遥控器吗？

几乎不会。但是，这家安徽安庆的淘宝店，面向的是全国用户，而不是附近小区。全中国有这款电视的人，可能有十几万。他们中很多人可能也在到处“搜寻”这种遥控器。这家淘宝店的存在，让几百户人家可以足不出户，瞬间找到自己需要的商品，大大降低了各自的“搜寻成本”。

在淘宝上，像这样的店有几百万，甚至上千万个。他们加在一起，降低了整个中国商业社会的搜寻成本，促进了财富的创造和传递。

你楼下的电器修理铺和20分钟路程外的官方维修点是“英雄”，它们促成了交易。而淘宝，降低了促成交易的代价。

所以，现在你明白为什么淘宝、天猫、京东这些公司，能获得如此巨大的成功了吗？并不是因为它们在“吸实体经济的血”，而是因为它们通过大规模降低“搜寻成本”的方式，提升了商业效率，推动了商业文明的进步。

2. 比较成本

我在微软的十几年，经常去美国。在美国，我最痛苦的一件事情就是吃饭。我是一个典型的中国胃，特别不爱吃西餐。我最爱吃的东西，是火锅、烧烤、小龙虾。

周末出去觅食，看到5家餐厅，有4家是做牛排、海鲜的。美国的海鲜做法跟中国的也不一样。一根蟹腿放冰块上，浇上酸汁，很难接受，我更喜欢蒸熟了，趁热吃。

那怎么办？吃哪家？怎么比较？每家都点个前菜试吃一下，然后再决定在哪家坐下来？老板会把你打出来的。

我的“比较成本”很高。

这时候，我看到了第5家餐厅，麦当劳。你知道我当时的感觉吗？跟见到亲人一样。很多人觉得你有毛病啊，跑到美国还吃什么麦当劳？你在中国没吃过吗？其实，恰恰是因为我在中国吃过，我才选择麦当劳。

麦当劳采用连锁加盟的方式，用标准化的菜单、标准化的流程、标准化的装修、标准化的服务，给全球顾客几乎完全一致的体验。假设全球有10万家麦当劳，你只要在其中任何一家吃过，就知道其他99 999家麦当劳，有什么品种、口味，好不好吃、习不习惯，无须比较。

与其在其他店里比来比去，花那么多时间，我还是吃肯定没问题的麦当劳吧。

麦当劳用“连锁加盟”的商业模式，在我还没有进西雅图这家店之前，就让它的信息和我对称了，降低了我的“比较成本”。麦当劳，是一个挑战“恶龙”的英雄。

但是，现在出现了“大众点评”。大众点评的创意，源自一个美国的App，叫Yelp。不过今天的大众点评，也可以在美国使用了。

我打开大众点评，发现这4家店中，有一家5颗星的牛排店，下面有很多中国人的评论，说特别好吃。其中有一个人还留言说：你要是在牛排上抹上一层老干妈，会更好吃。

你猜这时候，我会进哪家店？

我很可能会进这家牛排店。为什么？因为大众点评通过前面吃过的人的评价，给我提供了关于这5家店非常充分的信息，进一步降低了我的“比较成本”。如果这时候我还是进麦当劳，那我对麦当劳是“真爱”啊。

一份来自哈佛商学院的研究显示，一家餐厅在Yelp上每提高一个星级，会导致收入增加5%~9%。这说明，用户越来越依靠点评网站来比较餐厅。

这份研究还显示，Yelp渗透率越高的地方，连锁餐厅的市场份额越低。这说明，点评网站提供的比较建议，正在（至少部分）取代连锁品牌的声誉价值。

为什么？因为点评比连锁更高效地降低了用户的“比较成本”。

连锁加盟是英雄，它们促成了交易。而点评网站，进一步降低了促成交易的代价。

3. 测试成本

2019年底，为了学习咨询行业中的偶像麦肯锡，我开始尝试把双脚踏进水里，亲自下场做新零售，做新制造。把获得的宝贵经验整理后，分享给我的咨询客户，帮助他们解决商业问题。

我选择了茶叶这个行业，做了一款“小洞茶”。不到一个月时间，论克卖的陈年熟普，被我卖了1吨。

可是，为什么做茶叶？

这个世界上有一类行业，我称之为“低信任行业”，比如古董，比如红木，比如玉石，比如茶叶。在这些行业里，消费者获得真实信息实在是太困难了：古董到底是不是真的？红木到底是多少年的？玉石到底是不是天然的？你的茶叶到底是不是从那棵古树上采下来的？你说干仓储存了10年，我怎么知道是不是真的干仓，真的储存了10年？你有录像吗？如何验证？如何测试？

你几乎没有办法。没有测试机构能够告诉你，这批茶叶是从哪棵树上采下来的，放了多少年。所以，这些行业鱼龙混杂，骗子横行。这就是所谓的“水太深”。

那怎么办？全部试用、试吃、试喝一遍，然后选择？

我有个朋友，为了给新生孩子提供最好的家庭空气环境，买了30多万元的空气净化器、新风机，亲自测试。最后选了其中一款安装。

这30多万元，就是她购前的“测试成本”。

她显然比较有钱，付得起这个成本。那普通消费者呢？

第三方评测机构，这时候就扮演了重要的价值角色。

每家空调厂商都说自己省电，怎么办？看一下“中国能效标识”吧。根据能耗等级购买空调，而不是拿着电表测试，会大大节省消费者的“测试成本”。

每家手机厂商都说自家的手机拍照特别美，怎么办？ 去看一下DxOMark（相机和镜头的图像质量评测机构）的相机测试吧。根据打分购买手机，而不是横向比较几百张照片，会大大节省消费者的“测试成本”。

回到最开始的茶叶。我为什么要做茶叶？

因为过去茶叶这个行业“水太深”，消费者选茶叶的“测试成本”太高。我们用自己的信用为好茶背书，让用户可以闭着眼睛放心买，从而降低了“测试成本”，让双方获益。

帮助消费者节省“测试成本”，可以是一门大生意。

瑞士有家上市公司叫SGS（检验、鉴定、测试和认证机构），成立于1878年，比我大100岁左右。它的主营业务就是：代替消费者做测试。

比如当一辆汽车说自己安全时，它是不是真的安全；当一家建筑材料公司说自己环保时，它是不是真的环保；当一家企业说自己没有排污时，它是不是真的没有排污；当一款食品说自己含有某种营养成分时，它是不是真的含有。

SGS的口号就是：在你需要确信的时候（When You Need To Be Sure）。

那谁为测试买单呢？企业。因为企业自己的测试无法取信于消费者，所以花钱购买第三方的测试服务来证明自己。

SGS因此获得的年收入为69亿美元，现在市值210亿美元，相当于21家独角兽公司的体量。

4. 协商成本

你有没有接受过“商务谈判”的培训？

商务谈判，有很多策略。

比如“最终期限”策略：这个折扣就今天有效，明天就更新报价表了，赶快签字吧；

比如“战略延迟”策略：这个问题我再想想，你着急的话，就做点让步呗；

比如“大吃一惊”策略：天啊，你这个要求也太离谱了，这么没诚意，没法谈了；

比如“不露面的人”策略和“有限授权”策略……

两家公司进行一项商务谈判。一方总监皱起眉头，说：这个方面我做不了主啊。要不，你在那个方面再让步一点，让我至少开得了口，去说服老板试试看？

那个不露面（甚至都不存在）的“老板”，成了谈判桌上斗智斗勇的重要砝码。

为什么？

因为“信息不对称”，敌人太狡猾，万一谈得不好，我至少可以用“老板不同意，我有什么办法”来回斡旋。

这就是“不露面的人”策略。

大家都谈完了，另一方总监说：我尽快把协议拿回去给律师看。我的授权有限，律师最大。你们懂的。

最后，律师在3页的协议后面，加了30页的违约条款，甚至细到了如果打官司，在哪个法院起诉。

为什么?

因为“信用不传递”。越不信任，越需要“丑话说在前头”。丑话说在前头，就是协商。这些违约条款，都是谈一件大概率不会发生的事情：你别怪我啊，万一呢?

这就是“有限授权”策略。

为了签一份协议，那么多人花了那么多时间来来回回，大量的时间甚至金钱投入，都是成本。这就是“协商成本”。

怎么降低协商成本?

整个社会降低协商成本的方法，是“事后惩罚”。

初去美国的人，会发现美国人很“蠢”，商业社会里，到处都是“漏洞”。你拿餐厅服务员手写的一张“收条”，就能到公司报销。那我自己手写一张去报销不就行了吗?这个漏洞也太大了吧?

初去德国的人，会发现德国人也很“蠢”，自己买地铁票，进地铁站，没有人工检票，也没有自动闸机，没票其实也能进，这个漏洞也太大了吧?

但是，你会发现，美国的公司有审计，德国的地铁有督查。一旦发现你有不诚信行为，你以后在这个国家会诸事不顺，说不定信用卡都申请不下来。

相反，复杂的发票体系，昂贵的检票系统，其实本质上都是要求你遵守契约的“协商成本”。而“事后惩罚”的社会信用体系，可以降低事前的协商成本。

说完了社会，我们再看个体。对于单个机构，降低协商成本的方法，是“品牌声誉”。

以咨询行业为例。

成功的咨询公司各有各的成功，失败的咨询公司原因只有一个：你在客户那里没有“信用”，客户不相信你的能力。

因为不相信，所以“协商成本”很高：说说看，你能做什么？你比X好在哪里？比Y强在哪里？还能再便宜一点吗？你能来竞个标吗？我们只能先付30%的钱，等看到效果我再付尾款吧？这些高昂的协商成本，都会导致一家咨询公司的成交速度极慢，客户战略决心不够导致效果不好，咨询公司也因此收不到钱。

这些都是协商成本。你花在协商上的时间越长，花在交付上的时间就越短。这条“负向增强回路”，进一步导致你的收入减少。那怎么办？

我给自己定了一条铁律：

绝不去客户现场做售前。

不管你是多大的企业家，只要你不愿到我的小办公室来聊，就说明我的声誉还没有强大到让你挪步。只要不是用“声誉”这个“第一因”赢来的客户，再有钱，也不是我真正的客户。不够强大是我的错。

这样，当你用声誉赢得客户时，就可以不用支付任何售前沟通类的“协商成本”。这时候你就会明白，为什么很多人那么在乎个人的声誉和公司的品牌。因为声誉和品牌能降低协商成本。

你问一下自己，如果有一天因为公司资金周转问题，需要打电话向朋友借钱。你觉得你能在不抵押资产，甚至不打借条的情况下，借到多少钱？这些钱就是你声誉的价值。免去的抵押、借条、借款合同，就是节省掉的协商成本。

5. 付款成本

协商成本，有关法律条款；付款成本，有关财务条款。

假如你是中国海宁的一家沙发工厂，生产的沙发要出口到美国一家公司。因为这是你们第一次合作，对方要求你先发货，验过货之后，再付款。

但是，1 000万元的货，你敢直接发过去吗？你说不行，你要先打款，看到钱后再发货，我怎么知道你是不是骗子。你们商量来商量去，最后决定先从10万元的生意做起，熟了以后再做大生意。付款这件事背后的风险，阻碍了你们之间的交易。

为什么会出现这种情况？因为你们彼此在对方那里没有“信用”，所以“付款成本”很高。

为了降低付款成本，一个叫“信用证”的东西被发明出来。

美国这家贸易商和美国某家银行长期合作，在这家银行里开设了账户，账上有不少钱。银行非常清楚这家贸易商的情况，为其开出证明，这个证明就叫信用证。这个证明告诉中国海宁的工厂，我们已经冻结了美国贸易商的1 000万元资金，把货发过来吧，这边收货之后，就把钱打过去。

海宁的工厂更相信银行，看到信用证之后就发货了。信用证的出现降低了远隔万里的交易双方之间的“付款成本”。

我们刚刚聊过，淘宝成功的核心是降低了全社会的“搜寻成本”。那么支付宝呢？

在网上买东西，虽然搜到了卖家，但是你不敢把钱付给卖家。万一你是骗子呢？你先发货。卖家也不敢先发货，万一你收到货，就是不打钱呢？你先打钱。

这就是“付款成本”。

有没有办法降低“付款成本”，促成交易呢？

2004年，“支付宝”出现了。阿里巴巴最初就是做国际B2B（企业与企业之间开展交易活动的商业模式）电商的，所以对“信用证”的逻辑非常熟悉。为了降低C2C（个人与个人之间开展交易活动的商业模式）电商的“付款成本”，支付宝直接借鉴了信用证的逻辑：担保交易。

你一旦下单，钱就从你的账户里拿出来放到支付宝的临时账户。支付宝通知卖家，钱已经在我这里，你可以发货了。卖家放心地把货发给买家，买家收到货，检查后发现没问题，也放心了，点击“确认收货”，钱就自动转到卖家的账户里。支付宝的出现大大降低了电商交易的付款成本，并且带动了移动支付的普及，这才有了后来“双11”的交易奇迹。

如果说淘宝的成功，是因为降低了搜寻成本；支付宝的成功，就是因为降低了付款成本。

6. 运输成本

提问：你觉得现在是中国的物流行业效率高，还是美国的物流行业效率高？

很多人会觉得，当然是中国高啊！2020年大年初一的早上，我在深圳大中华喜来登酒店，用手机在京东App买了一本施展老师的新书《溢出》，然后立刻奔赴机场，飞回上海。下午到上海的家时，这本《溢出》已经先于我送到了。

所以很多人会觉得：中国物流业的效率太高了。

但是，这其实是一个误解。

中国物流与采购联合会会长何黎明，在一次演讲中说："我国物流效率，仅相当于美国（20世纪）80年代。"

啊？为什么？

要看一个国家物流行业的效率，一个关键指标是社会物流总成本在GDP（国内生产总值）里的占比。这个占比意味着，每创造10 000元的社会财富，需要多少物流成本把它们送到消费者手中。比率越低，物流行业的效率越高。

那么，各个国家的"社会物流总成本"在GDP里的占比，到底是多少？

美国的社会物流成本占GDP的比重大约是8%，日本是11%，东南亚高达27%。中国呢？大约15%，将近美国的两倍。（见图1-5）

当然，这个数字也和一个国家GDP的结构有关系。比如制造业大国一定比服务业大国的物流负担重，但是这个占比依然在一

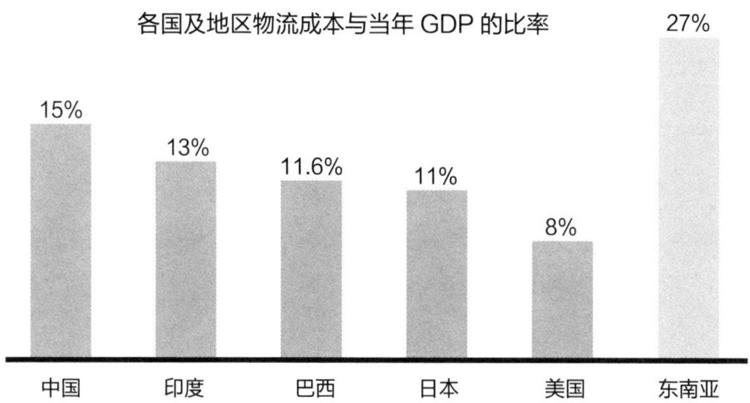

图1-5

定程度上反映了物流行业的效率水平。

为什么中国“社会物流总成本”和你想象的完全不一样，比美国高这么多呢？

社会物流，大概包括三种成本：运输费用、保管费用、管理费用。

在运输费用方面，中国目前的运输，主要还是依靠高成本的公路运输，成本更低的铁路运输和水路运输，占比很小。

中国多种方式（水路、铁路、公路、航路）的联合运输，只占4%~5%左右，而发达国家已经达到20%。我们的成本当然高。

那保管成本呢？保管成本，和商品的库存周期关系非常大。中国传统商业的生产计划性总体较差，一件商品在仓库里放1年才卖出去，和放1个月就卖出去，保管成本相差12倍。

第三是管理费用。

你猜猜看，一盒棉签从生产出来，到运到你家门口的夫妻老婆店，再到被你买走，一共被搬运了多少次？

大概5~8次。

从工厂搬运到品牌商仓库，再搬运到总代理仓库，再搬运到城市代理仓库，再搬运到批发市场，再搬运到夫妻老婆店。每一次搬运，都是运输成本。这些运输成本，都会作为“卖家交易成本”，加到商品价格里去。

每一次搬运，都会产生新的成本负担。而这些成本，是因为对交易流程的低效管理导致的。

那能不能减少搬运的次数，比如降到4次、3次，甚至2次？

有可能。

名创优品的棉签，从工厂出来后，会被直接运送到它在全国的7个大仓库，然后根据终端的销售数据，从7个大仓库直接运送到需要补货的门店。这样，一盒棉签，在名创优品只需要搬运2次。

算上自建仓库的成本后，减少搬运次数这件事，在大多数情况下，依然能够降低运输成本。

再举个例子。

你是一家品牌商，打算在京东、小米有品上卖东西，你可以不建立自己的仓库，选择“一件代发”服务。货品从工厂出来，直接放入京东统一的仓库里，你卖出一件商品，并不需要把货品搬到自己家，再从家里发货，京东直接帮你从统一的仓库发货。这样“物权流转货不动”，又减少了一次运输成本。

还能怎样降低运输成本？

比如啤酒，把工厂建在本地，这样可以从本地的江河取水，而不需要把用长江水酿的酒，运输到珠江去。

比如玻璃，把工厂建到汽车基地，这样可以避免长途运输带来的玻璃破损，把运输成本降到最低。

比如建筑，在600公里范围内选取水泥、树木等建筑材料，可以大大降低运输成本。

商人们在想尽一切办法，通过降低“运输成本”的方式，提升交易效率。

中国的“最后一公里”物流效率很高。但是，主干物流效率太低。

2013年，阿里巴巴成立了菜鸟网络。马云在“2018全球智慧物流峰会”上表示，他的目标是让中国任何城市之间的电商快递，实现24小时内必达，全球范围内实现72小时必达。

怎么做？通过大数据改善主干物流效率。根据大数据，在用户还没有下单的时候，调动主干物流资源，实现提前配送。

这一切的努力，都是在降低运输成本，哪怕只是一点点。进一寸有一寸的欢喜。

7. 售后成本

梁宁曾经讲过一个关于“育婴箱”的故事。

19世纪70年代，妇产科医生斯蒂芬·塔尼受小鸡孵化器的启发，发明了人类使用的“育婴箱”。这个伟大的发明，让美国婴儿的死亡率下降了75%。

育婴箱是一个非常天才而伟大的发明。但是，这么伟大的东西，并没有带来非洲婴儿死亡率的下降。为什么？

因为斯蒂芬的育婴箱结构非常复杂，容易出现故障。出现故障后，需要专业人员和专业配件才能维修。而这些在基础条件落后的地方很难获得。所以，育婴箱很难大面积推广。

也就是说，斯蒂芬的育婴箱“售后成本”太高。你能捐10 000个育婴箱，但你很难捐一整套售后服务体系。怎么办？

一位美国大学生，天才式地改进了斯蒂芬的育婴箱。这款育婴箱用旧汽车的前灯来供暖，用汽车仪表盘的风扇来保持空气循环，用车门的蜂鸣器和信号灯当报警系统，用摩托车电池供电。

这款育婴箱被称作NeoNurture育婴箱。

这个发明利用成熟的汽车配件制造育婴箱，完全不用搭建一套独立的售后体系。育婴箱如果坏了，一个汽车修理工就能修好它。NeoNurture育婴箱的伟大之处，就在于它创造性地降低了“售后成本”。

有一次，华为前轮值CEO（首席执行官）费敏给我讲了一个故事。

他说，他们家空调坏了，于是请人上门来修。修理工人满头大汗，弄了一个上午，还是没修好，最后说先回去一趟再来。

费敏在华为时，负责整个华为的研发体系。他说，华为是不会这么设计产品的。华为如果做空调，一定会把产品模块化。

空调坏了，有人上门来修。最重要的“售后成本”是那块电路板，还是修理工人上门的时间？大概率是上门修理的时间。

所以，如果从最开始就想到了这个问题，进行模块化设计，维修工人上门后，直接拔走坏掉的模块，换上新的，走人。这样的售后成本，是最低的。

为什么？

因为所有的售后成本，最终都会加到商品价格里，导致不必要的高价带来的交易阻力。

创造性地降低售后成本，就是降低交易成本，提升商业效率。

搜寻成本、比较成本、测试成本、协商成本、付款成本、运输成本、售后成本。

建议你现在合上这本书，闭着眼睛问自己一个问题：我的公司，到底降低了这七种交易成本中的哪一种，或者哪几种？

想清楚这个问题，你就能对自己的公司或是一路高歌猛进，或是不温不火的原因，有个大概的判断了。

商业进化的历史，就是一部克服“信息不对称、信用不传递”的沙子、巨石，甚至天堑带来的摩擦力和阻碍，从而降低交易成本，提升交易效率的历史。

第四节 所有伟大的机会，都源自巨大的结构改变

现在终于可以回答本书提出的商业五大问题中的第一个了：商业到底是什么？

1. 商业的本质，是“交易”；

2. 信息不对称和信用不传递，让交易过程遭遇“阻力”；

3. 所谓商业进步，就是用越来越低的“交易成本”，克服阻力。

不管你是否意识到，今天成功的商业机构，几乎一定是通过某种独特的方法，（至少）降低了七种交易成本之一。而正是所有这些有目的性的或者无意的降低交易成本的创新，在推动商业文明的进步。

这些推动交易成本降低的创新，都被称为：商业模式创新。

什么是商业模式？什么又是商业模式创新？北京大学的魏炜教授曾经给商业模式下过一个定义：

商业模式，就是利益相关者的交易结构。

我从上游买东西，卖给下游，这就是一个“交易结构”。100个上下游聚在一起交易，这也是一个“交易结构”。

哪种交易结构更好呢？交易成本更低的结构。

以滴滴为例。

在滴滴打车出现之前，出租车的运营模式是：出租车司机先给运营公司交份子钱，然后剩下来的载客获得的收入归自己。这样的交易结构，就相当于出租车公司向政府批发了“运营权”，然后零售给出租车司机。

上海大约有4万个出租车司机，2万辆出租车。出租车司机隔天上班，所以每天路上大概有2万辆出租车。这2万辆车的运营权，是一个固定的数字。所以，晚上演唱会结束，特别需要车的时候，路上有2万辆车；下午大部分人都在办公室不出门的时候，路上还是有2万辆车。

这2万辆车的定价，也是一个固定的数字。供大于求的时候，每公里是一个价格；供小于求的时候，每公里还是同样的价格。这个交易结构，就导致上海的路上，有时出租车多得不得了，有时又没有车。

然后，互联网来了。滴滴借助互联网，重构了打车的交易结构。

第一，它开发了一个App，帮助乘客和司机彼此找到对方。这样一下子就降低了“搜寻成本”。

本来司机搜寻乘客的方式，是通过在路上不停地跑，看看是不是正好遇上一个客人。乘客搜寻的方式，是站在路边来回地看，等待正好路过的出租车。这种搜寻方式的成本，当然很高。App的匹配，最大化地优化了司机和乘客找到彼此的效率，降低了整个社会空驶和空等的成本。

第二，滴滴还提供了一键计算出租车、顺风车、快车、专车、豪华车等，从起点到目的地的价格，以及它们的车型，降低了用户的“比较成本”。

第三，滴滴为每个司机建立了档案，并且公示他们的接单次数、用户评分，以此建立信任，避免了乘客（尤其是女乘客）晚上乘车，要通过看面相凶不凶，完成“安全测试”，再决定上不上车的尴尬，从而降低了“测试成本”。

第四，滴滴通过在繁忙时段自动计算、上浮价格的方式，鼓励更多快车、顺风车加入运营，解决高峰时段打车难的问题。这种忙时贵、闲时便宜，忙时车多、闲时车少的“协商”，是系统自动完成的。你不需要在遇到急事时，打电话去出租车公司协商“不管多少钱，立刻给我派辆车”了。大数据的自动计算，降低“协商成本”。

第五，滴滴通过绑定网络支付的方式，让你不再需要下车时掏钱、找零，直接开门、走人，钱就自动扣掉了。这个钱，乘客先付给平台，平台再转给司机，平台在付款过程中起到了担保的作用，从而降低了“付款成本”。

虽然滴滴刚出来的时候，出租车司机和出租车公司大规模抵制，虽然滴滴本身也出现过不少问题（我还写文章吐槽过滴滴），但因为“交易成本更低”，它确实是“更高效的”商业模式。

为什么？因为滴滴的商业模式，这种组织“利益相关方的交易结构”方式，降低了交易成本。

高效的商业模式和高效的商业模式之间，当然会有竞争关系，比如滴滴和美团打车。但是高效的商业模式和低效的商业模式之间，不会有竞争，只会是高效逐渐取代低效，只不过是取代的速度多快、程度多深而已。

所有伟大的机会，都源自巨大的结构改变。阿里巴巴如此，百度如此，腾讯如此，滴滴如此，美团如此……

你想抓住一个巨大的结构性改变，创立一个伟大的机会吗？

你看到的那个巨大的结构性改变，是什么？

第二章

连接，是结构改变的元动力

你已经准备好，抓住一个巨大的结构性改变，顺应商业进化的趋势，创立一个伟大的机会了吗？

很好。不过，我还是想请你先坐下来，不要着急出发，先静静地看。潮起潮落，汹涌澎湃的海面之下，有什么？到底是什么在推动大海的流动？

往下，再往下。没错，你看到的那股力量，就是“洋流”。一股你只有用宏大的视角才能看到的力量，悄悄地，但是坚定地、不容置疑地主宰着海洋的生态变迁。

洋流把低纬度的热量向高纬度传输，影响全球气温；暖流上空的热量和水汽，形成雾、雨，改变全球生态；寒流和暖流的交汇处，形成世界四大渔场（北海道渔场、北海渔场、秘鲁渔场、纽芬兰渔场）；连赤道上有企鹅生存，都是因为洋流的影响。

洋流，这种你微观上看不见的东西，正在宏观地影响着整个人类的生活。如果你想成为海洋捕鱼，甚至跨海航行的高手，你必须看见这股看不见的力量。

商业也是一样。

在商业的海洋中，也有一股你微观上看不见的洋流，正在巨大的宏观尺度、漫长的时间维度上，坚定地、不容置疑地，影响着商业的进程。

要想回答本书的第三个和第四个问题：

商业从哪里来？商业到哪里去？

我们必须深刻理解这股洋流的流向。这也是本书要讨论的第二个问题：商业为什么能进步？这股洋流的流向，就是商业进步的方向。

商业海洋中的这股洋流，就叫作：

连接。

是“连接”，是各种越来越高效的“连接”，催生了各种新工具、新办法，使“信息不对称、信用不传递”这两个问题，得到更高效地解决。

最早的时候，古人打仗时，是如何解决信息不对称问题的？

短距离间用烽火。长城上一个个“小城堡”，就是烽火台。如遇敌情，白天施烟，夜间点火，帮助友军之间的信息对称。烽火，就是一种短距离的“连接”方式。

那远距离呢？主要靠每隔二十里一个的驿站。一旦公文上标注“马上飞递”，就必须以每天三百里的速度传递。所谓“八百里加急”，就是日行八百里，马不停蹄地解决远距离“信息不对称”的问题。驿站，就是一种远距离的“连接”方式。

八百里有多远呢？大概就是从上海到南京的距离再多一点。

今天你有个消息，想从上海传到南京，怎么传？烽火？骑马？“人肉”？电报？短信？都不用，直接微信。你可以在群里发个消息：

上海周边两省一市的所有三品官员，请注意有个刺客从上海逃窜，照片如下。看到立刻捉拿。谢谢兄弟们。

从烽火台，到驿站，到电报，到短信，到微信（当然，这中间省略了很多步骤），你看到的是什么？科学发明？创业精神？是的。

所有这些的背后，是连接，越来越高效的连接。

连接，是结构改变的元动力。

烽火台、驿站、铁路、公路、集装箱、电报、电话、手机、互联网、移动互联网、万物互联……连接方式不断进步。

这些“科技感”十足的进步，到底为什么，以及在以什么方式，改变我们的商业世界呢？

“连接”改变商业世界的方式有两个：空间折叠和时间坍缩。

什么是空间折叠？因为连接的进步，两个远隔天涯的节点，站在彼此面前。

什么是时间坍缩？因为连接的进步，两个先后出现的节点，跨越时间握手。

因为空间折叠、时间坍缩，两个原来被时空隔绝的交易节点，站在彼此面前，跨越时间握手，交易变得“瞬间唾手可得”。

让我们一起在时间的长河里，用宏大的视角，看看“连接”这股元动力如何主宰商业的洋流，改变交易的结构。

第一节 铁路：寄邮购手册的西尔斯

美国在独立之初，是个不折不扣的农业国家，国家的发展非常落后。那时美国人从纽约到旧金山，需要乘船绕行南美洲的合恩角，最短的时间也要6个月。

1863年，第一条连接美国东海岸与西海岸的太平洋大铁路开始修建，直到1869年完工。这条铁路当时被誉为“世界七大工业奇迹之一”。

在这条贯穿北美的大铁路上，有一位名不见经传的铁路工作人员，他的名字叫理查德·西尔斯（Richard Sears），也就是后来著名的西尔斯公司的创始人。

理查德·西尔斯的身份，让我想到了曾是英语教师的马云。马云因为英语好，在1995年受委托到美国催讨一笔债务，那次美国之行让马云成为国内最早接触互联网的人之一。理查德·西尔斯作为铁路工作人员，也是美国最早了解铁路运输的人之一。

铁路和互联网可以比较吗？其实完全可以。铁路最重要的价值就是连接，互联网也是。当年的铁路工人和今天的互联网从业者，其实没有任何本质区别。

从1851年到1910年的60年间，美国掀起了铁路建设高潮，年均修建铁路6 000多公里，仅1887年一年就修建铁路20 619公里，创铁路建设史上年均修建铁路的最高纪录。1916年，美国铁路营业里程达到美国历史的最高水平，约为408 745公里，约占当时世界铁路总长度的39%，形成全美四通八达的庞大铁路网。

这和今天的中国热火朝天地建设互联网，是不是出奇地相似？铁路，就是当时的互联网。

铁路的本质是什么？是连接。因为铁路这种前所未有的高速连接，空间正在被悄悄折叠。两个很远的人，可以迅速站在对方面前。

这种身处其中很难察觉的“空间折叠”，被西尔斯看见了。

西尔斯从“铁路互联网”这条洋流上，看到了什么商机？要讲清楚这个问题，首先，我们要了解一下当时的美国社会。

19世纪80年代的美国，人口只有5 600万，其中65%生活在农村。美国乡村的农民将农作物收成变成现金，再到当地的杂货商店购买日用品。1891年，每桶面粉的批发价为3.47美元，但在零售店里的售价是7美元，加价100%。

这种“中间商赚巨额差价”的现象，在当时的美国很严重。农民们开展抗议活动，和中间商做斗争。当时美国的农村与城市相隔很远，农村的消息闭塞，农民也非常保守，即使是商家到乡下去卖东西，农民也担心购买到假冒伪劣商品。

这就是信息不对称和信用不传递。

作为铁路工人，西尔斯敏锐地意识到了铁路这种新的连接工具蕴含的巨大价值。他似乎看到了一个可能的巨大的结构性改变，及其背后蕴藏的一个伟大机会。于是，西尔斯决定在全美的铁路沿线，大规模地散发“邮购商品目录”，目录上写着“世界上最便宜的商品，我们的贸易遍布全球”。

什么是“邮购商品目录”？就是一份两页纸的清单。你看看要买什么，选一下，我通过铁路，把东西寄到你家。

“世界上最便宜的商品，我们的贸易遍布全球。”这广告语是不是有点儿像沃尔玛的“帮顾客节省每一分钱”；而商品清单的做法，是不是很像马云最开始做的“中国黄页”？

太阳底下，其实没有新鲜事。

在一个城市接受订单，把货发向全美国。“邮购”这件看起来特别简单、特别土的事情，其实在西尔斯之前，几乎是不可能成为有效商业模式的。为什么？因为在没有铁路之前，主干物流实在是太慢了。把商品从东海岸寄到西海岸，要花几周，甚至几个月。

但是，铁路把整个美国的疆域“折叠”了。顺着铁路，商品几天就能寄到。天涯若比邻。

铁路，通过提高连接的效率，改变了交易结构，降低了交易成本。西尔斯的邮购业务很快取得了成功。

西尔斯公司利用不断扩大的铁路网，进行大规模采购，并借助铁路和邮政运输，到后来在乡村免费送货和邮寄包裹，真正做到了降低商品价格。此外，西尔斯当时已经被视为一个全国性机构，几乎是像邮局一样的存在，相当于美国的邮政系统给西尔斯做了一定的信用担保。

邮购模式毕竟不是面对面交易，农民们担心收到的商品货不对版，怎么办呢？为此，西尔斯又开创性地提出了“货到付款”，先看货、满意再付钱的业务模式。

邮购清单，解决了信息不对称的问题；货到付款，解决了信用不传递的问题。

为了进一步做大邮购网络，1893年，西尔斯搬到了铁路运输中枢芝加哥。1894年，西尔斯的邮购手册的页数，从2页升至700页。此时，西尔斯可邮购的商品总数，已经超过6 000件，但价格只有普通店铺的一半。

铁路，这种更高效的连接方式，帮助西尔斯公司对农村里的那些杂货店展开毁灭式的“降维打击”，甚至可以说是“屠杀”。可以想象，当时多少杂货店会像今天传统零售企业骂马云一样，痛骂西尔斯：

你这个吸血鬼，正在摧毁实体经济！

但是，就像我们前面说的：

高效的商业模式和高效的商业模式之间，当然会有竞争关系。但是高效的商业模式和低效的商业模式之间，不会有竞争，只会是高效逐渐取代低效，只不过是取代的速度多快、程度多深而已。

铁路，是当时更高效的连接。更高效的连接，催生了巨大的结构性改变。而西尔斯这个伟大的公司，就诞生于这个巨大的结构改变。

创立于1886年的西尔斯，影响了好几代美国人的生活。巅峰的时候，西尔斯的营业收入高达当时美国GDP的1%，成为美国"零售之王"。直到1989年，沃尔玛才打破西尔斯的销售纪录。

第二节 公路：小镇上的沃尔玛

1962年，山姆·沃尔顿（Samuel Walton）在美国中部阿肯色州一个人口不到6 000人的小镇罗杰斯开了一家零售店。因为姓Walton，他就把这家零售店叫作Wal-Mart。这就是我们熟知的沃尔玛。

为什么把店开到小镇上，而不是人口密集的大城市？山姆·沃尔顿在畅销书《富甲美国》中，给出了两点解释：

一是创业初期资金紧张，沃尔顿只能在远离城市的小镇上开一家杂货铺；

二是沃尔顿的太太也是在小镇上长大的，她非常希望继续生活在民风淳朴的小镇上。

我想，山姆·沃尔顿可能自己都没有想到，这个“小镇战略”歪打正着，后来战胜了在大城市中如日中天的竞争对手，比如凯马特（K-Mart）和无比成功的——西尔斯。

为什么？流量不是零售的血液吗？大城市的流量不是远远大于小镇吗？一个小镇青年，凭什么打败大城市的高富帅？没错，但这些都是表面。表面之下，商业的洋流已经开始转向，悄悄流向了一个更高效的地方：公路。

1956年，在美国总统艾森豪威尔的大力推动下，美国政府颁布了《联邦公路资助法》，同时建立了联邦高速公路信托基金，对高速公路建设提供大量拨款。20世纪50年代初到70年代末，美国高速公路平均每年建成3 000公里。20世纪80年代后期，美国高速公路网已基本形成。

而几乎同期，也就是大约从1940年到1979年，美国的乘用车注册数量从3 235万辆增至1.5亿辆。户均汽车数量从1947年的1辆增长至1979年的2.5辆。大部分美国家庭至少拥有两辆私家车。

公路和公路上跑的汽车，使美国开始被称为“车轮子上的国家”。这在商业上意味着什么？意味着一种更高效的“连接”出现了。在这种新的连接方式下，一场巨大的结构改变带来的伟大机会，正在出现。

公路的本质是什么？没错，还是连接。因为公路这种通往毛细血管的连接，空间又被进一步折叠。大城市和小镇的人，可以瞬间站在彼此面前。

开在小镇的沃尔玛，因为远离大城市，可以用很便宜的价格租到一大片地方。地方大，于是可以提供更全的商品；地方便宜，于是可以提供更便宜的商品。

而另外一边，因为有了公路和汽车，小镇上的一家人，当然也包括小镇周边的农村，甚至是城市郊区的一家人，可以在周末的时候，开着一辆小汽车，沿着四通八达的公路，行驶几公里乃至几十公里，来到沃尔玛采购这些又全又便宜的商品。

沃尔玛成功了。“更全、更廉价”的沃尔玛大受欢迎。大城市的消费者，被公路瞬间“折叠”到小镇。

在此后多年的扩张中，沃尔玛的根据地一直都是人口低于一万的小镇。

公路的铺设和汽车的普及，是沃尔玛“小镇战略”成功的关键。但是其实它的成功，还有两个“神助攻”：冰箱和电视。

在1930年至1941年间，冰箱在美国的销量从190万台一下子增加了2 000万台。这意味着什么？这意味着美国人民在沃尔玛超市买了满满一手推车的商品（顺便说一句，超市手推车是在1937年被发明出来的），塞了满满一车后备厢，然后开车回家，再放满满一冰箱。

超市手推车→汽车后备厢→家里的冰箱，这一条“食物链”，让美国人民可以一次性买一周的食品，把日购的行为变为周购的习惯。

那么，电视呢？

1950年至1963年，美国拥有电视机的家庭占比从9%增长到91.3%，到了1978年，这一比例上升到98%。通过电视，小镇居民认识了各式各样的全国性品牌。他们认识到，只要是同一个品牌，在超市和百货中心，买到的其实都是一样的。沃尔玛显然更便宜，我为什么还要去百货中心呢？

当然，关于“便宜”这件事，除了因为身处小镇，沃尔玛也是“拼了命”的。它连5美分的电话费都不愿意出，要求供应商要么给沃尔玛设立一个免费的专线电话，要么报销电话费。它腰斩式的砍价，让很多供应商非常恐惧。它对员工也是出了名的苛刻。沃尔玛通过极致的管理，把配送成本降到销售额的3%，后来更是降到1.3%，远低于凯马特的8.75%和西尔斯的5%。

最后的结果，就是沃尔玛那句著名的对消费者的承诺：天天低价。

沃尔玛对美国小镇的影响有多大？美国公共电视台曾播放过一部纪录片，讲述很多美国小镇都遇到过的一个棘手问题：

沃尔玛要来了！

沃尔玛不仅会改变一座小镇的商业生态，甚至对当地的文化风俗都会造成巨大冲击。在没有沃尔玛之前，这些小镇的交易网络是零碎、松散的，居民购物会到身边的杂货店，商品不全，质量难保证。沃尔玛的货架上琳琅满目地呈现出成千上万种全国性品牌商品，而这些商品通过电视媒体早已为小镇居民所熟知，这在很大程度上更好地解决了交易中的信息不对称和信用不传递问题。

面对沃尔玛，竞争对手可能在家给沃尔顿“扎小人”：

你这个吸血鬼，正在摧毁实体经济！

但是，直到2019年，沃尔玛依然是《财富》世界五百强排名第一的企业，一年营收5 144亿美元。排名第二的中国石化，年营收4 146亿美元。两者相差1 000亿美元。而那些不在洋流上的企业，早已随着骂声消亡。

中国实践：要致富，先修路

在中国，有一句话，我说上半句，你一定能说出下半句：

“要想富……”

然后呢？没错，是：

“先修路。”

“要想富，先修路”这句话耳熟能详。在过去，很多农村的土墙上都刷着这六个大字。必须承认的是，“要想富，先修路”代表着一种非常朴素，也极其通透的商业智慧。

可是，为什么要致富，就要先修路呢？

相信你现在已经明白了。那是因为，修路这件事，顺应了商业的洋流方向，提高了“连接”效率。

举个例子。

在大城市边上，有个平庸的酒厂。虽然平庸，但是因为离大城市近，所以生意一直都不错。这家酒厂的老板是一位非常优秀的企业家，注重产品品质，也注重管理，员工福利很好，他也很有社会责任感，常年被评为“优秀企业家”。

而在一个偏远的小乡村，有一户人家，那酒酿得是真好，十里飘香。但是这个村子只有十里，飘不出去。所以，只有本村人才能喝到这么好的酒。

然后，中国开始“要想富，先修路”了。其本质，就是把偏远的生产单元连接到全国的交易网络里面来。这样使很多人认识了这户酿酒的人家。哇！这酒也太好喝了吧？用什么坛子装啊，我帮你装瓶，帮你扩大产能，帮你卖到全中国的超市里去。这户人家的酒越卖越好。

因为这些优质的生产单元的接入，整个中国商业世界的交易结构开始悄悄地发生变化。而那个大城市边上的平庸酒厂，生意越来越差。那位企业家很难理解这件事：难道是我最近对品质放松了？难道是我对员工不好，他们不认真干活了？都没有啊！

他开始研究。最后他发现，原来是有一群“坏人”把公路修到了乡村。后来记者采访他，问最近怎么回事啊，酒厂遇到了很大的问题。他咬牙切齿地说：

公路，正在摧毁中国的实体经济！

这句话听起来是不是特别熟？就像今天很多人说，互联网正在摧毁中国的实体经济一样。互联网和铁路、公路一样，从来不会摧毁实体经济。互联网就是实体经济。

互联网不会生产一双鞋子、一双袜子，这些还是工厂来生产。互联网和铁路一样，帮助最好的生产者用最有效的办法，连接最需要的消费者，从而改变交易结构，降低交易成本，提高商业效率，创造更多财富。这就是一股从不回头、坚定而不容争论的洋流。

中国的实践同样告诉我们，连接就是改变交易结构、降低交易成本、推动商业进步的最底层的元动力。

在中国文化中，有这样两个词：“穷乡僻壤”和“老少边穷”。“穷”这个字是和“僻”、“边”放在一起的。为什么？因为“僻”和“边”说明交通不畅、道路不通。

没有高效连接的地方，就会“穷”。

第三节 海运：集装箱改变世界

集装箱对世界的影响，绝对不亚于铁路、公路，以及互联网。

著名经济学家马克·莱文森（Marc Levinson）在《集装箱改变世界》一书中，用整本书的篇幅，给我们介绍了一名卡车司机——马尔科姆·麦克莱恩（Malcom Mclean），他折叠了海洋。

提起卡车司机，你是不是立刻想到了铁路工人西尔斯和英语教师马云？他们的职业都那么不起眼，但就是他们，在平凡的工作中，运用非凡的洞察力，看到了暗流汹涌的“洋流”。

用卡车在高速公路上拉着大铁箱子来回跑，这个成本越来越高。能不能不要全程都走高速公路，在有河流或者海洋的那一段，用更便宜的水路来拉这些箱子，然后在下一段，再换回卡车送到目的地，是不是可以降低一些“运输成本”呢？

在麦克莱恩有这个想法之前，当时的船运主要是散船，就是一包一包的东西，由码头工人从一个码头搬上船，运到另一个码头，再由那里的码头工人搬下船。散船运不了太多货，而且需要很多工人，所以船运的成本一直很高。

还记得吗？这个运输成本会作为“卖家支付的交易成本”，计入商品价格。用这种方式来运输，每吨啤酒的运费大约是4美元，太贵。而且，这些码头工人再强壮，也不可能背得动卡车后面的拖箱。

我能不能不要码头工人？他们太贵。我能不能直接用吊车，把大铁箱子从卡车吊上船，到下一个码头后，再用吊车吊上卡车呢？这样，卡车、轮船不就联运了吗？工人不也省了吗？

这就是“集装箱”。麦克莱恩打算用这个听上去天方夜谭的想法，折叠海洋。

虽然被很多人嘲笑，他仍然坚持尝试。1956年，麦克莱恩完成了集装箱的首航（这一年，美国政府颁布了《联邦公路资助法》）。1970年，集装箱的大小确立ISO（国际化标准组织）标准，全球集装箱运输的时代到来。

这种用卡车、集装箱、吊车、平板轮船的海运方式，运输成本能降低多少呢？

回到前面提到的啤酒。现在，一吨啤酒的运费，从4美元降低到20美分，只有原来的5%。这是一个数量级的下降！

在过去，每运输100元的东西，成本可能就高达25元。而现在，因为集装箱，把一台iPhone（苹果手机）从深圳蛇口运到韩国釜山，只需要3分钱人民币！

那么，集装箱折叠海洋，带来了什么伟大的商业机会呢？

带来了全球化。

因为这便宜到几乎可以忽略不计的运输成本，世界各国才能把各种原材料、半成品、现货等，在各国之间运输，再加工或者销售。

可以说，如果没有集装箱海运，就没有全球化。甚至可以说，没有集装箱海运，就没有中国的“世界工厂”地位。集装箱海运，再一次提升了人类社会的“连接”效率。当然，也再一次遭遇了低效连接的抵抗。

很多靠体力背货的码头工人开始抵制集装箱，甚至有些地方，孔武有力的码头工人占领了码头，和船运公司谈判。最后，船运公司妥协了，答应分享集装箱运输的利益给工人，才平息了这些风波。

从铁路、公路，到集装箱海运，再到后来的航空运输，甚至是航天运输，全球商业的连接效率越来越高，交易成本越来越低。

读到这里，你是不是想起来一个人？埃隆·马斯克（Elon Musk）。

2018年2月，埃隆·马斯克的SpaceX公司发射了一枚重型火箭“猎鹰号”。激动人心的不是发射火箭，而是发射完之后，火箭的助推器居然飞回了地面，成功降落回收。

你开一辆出租车，把乘客从人民广场送到火车站。送到之后，车要不要开回来？当然要。如果每送一个客人，就要扔掉一辆出租车，那你家里得有多大的“矿”啊。

我们都知道，这之前送完卫星的火箭，都是脱离卫星后自行坠毁。埃隆·马斯克说：我要“重复使用”火箭。也就是把这辆“出租车”开回来。很多人嘲笑他痴人说梦，但是随着“猎鹰号”助推火箭的回收，埃隆·马斯克“吹的又一个牛”实现了。

重复使用火箭能节省多少运输成本呢？我们今天还没有确切

的数字。但是，可以分享两个已知的数字给大家参考：

1．回收的火箭，可以最多重复使用100次；

2．发射成本5 400万美元中，只有20万美元是燃料费用。

埃隆·马斯克在航天运输领域，尝试做和铁路、公路、集装箱海运一样的事情：降低交易成本。而这些交易成本的降低，无一例外地遭遇了嘲笑，甚至抵抗。但是，他们也无一例外地从抵抗上碾轧过去。

商业世界进步的方向，就是交易成本降低的方向，不可能回头。

第四节 电报：第一条信息高速公路

如果我们把两个交易节点之间的连接叫作“路”的话，那么这个路有两种：一是物理世界里的路，比如铁路、公路、集装箱背后的航路；二是信息世界里的路，比如电报。

电报，是人类第一条信息高速公路。

1825年2月，萨缪尔·摩尔斯（Samuel Morse）正在华盛顿为市政府作画。有一天，他收到家人寄来的信，说他的妻子即将分娩，身体状况不是很好。

“妻子正在分娩，身体状况不是很好。”这样简单的信息，通过寄信这种办法连接发送者和接收者，等传到摩尔斯手中时，已经有了好几天的“时差”。摩尔斯马上准备返回康涅狄格州的家。临行前他又收到父亲的信，说他的妻子正在康复，但是摩尔斯继续往回赶。6天后，摩尔斯回到家中时，发现妻子已经去世了。

时差，就是寄信那几天的时差，摩尔斯没能见到妻子的最后一面。

摩尔斯非常痛苦。他认为，这个悲剧，是信息世界的连接效率太低导致的。他化悲痛为力量，研究如何用更高效的连接方式，消灭时差，让他可以和6天前的信息瞬间握手，让悲剧不再发生。12年后，也就是1837年，摩尔斯终于发明出一种新型的电报机。电报，就是把要传送的信息编码，通过一根长长的电线，跨越城市，从一头传到另一头。这套用于电报的、给信息编码的系统就是著名的“摩尔斯电码”，也称“摩斯电码”。

1843年，美国国会赞助了摩尔斯3万美元，由此建立了从华盛顿到巴尔的摩之间长达64公里的电报线路。1844年5月24日，在华盛顿国会大厦联邦最高法院会议厅，摩尔斯激动地发送了人类历史上的第一封长途电报，内容是《圣经》中的一句话：“上帝创造了何等的奇迹！”（What hath God wrought！）

因为有了电报，让摩尔斯遗憾终身的那6天时间，坍缩成了瞬间。

我还记得我小时候，家里有什么紧急的事情要通知远房亲戚，家人就会冲到邮局，填一张电报单。对方邮局收到电报后，打印出来，邮递员骑个小车到亲戚家，一边骑车一边吆喝：有电报，有电报！过去皇帝才能做到的“八百里加急”就在发报人和邮递员的配合之下做到了。

疯狂的摩尔斯只是开了一个头。十几年后，一个比他更疯狂的人出现了，他就是美国实业家、风险投资家塞勒斯·菲尔德（Cyrus Field）。菲尔德想跨越大西洋，在欧洲的爱尔兰和美洲的纽芬兰之间，铺设一条用来发电报的电缆。

爱尔兰和纽芬兰之间有多远？3 000多公里。

在有电报之前，一则信息通过轮船“运输”到大洋彼岸，要

30天时间。你再回复一句“我收到了”，又要30天。

菲尔德比摩尔斯更疯狂，他想用跨越大西洋的电报，把这60天的时间，也坍缩为瞬间。大家都觉得菲尔德疯了，摩尔斯也直摇头，觉得这不可能。

然而，菲尔德却以令人难以置信的热情和精力投入这项事业。在英国，短短几天，他就募集到了35万英镑的投资。英国政府为菲尔德提供了皇家海军最大的战舰之一“阿伽门农”号，而美国政府提供了排水量5 000吨的战舰“尼亚加拉”号。这两艘当时最大吨位等级的舰船经过特殊改装，才各自能装下跨洋电缆的一半。因为单是整条跨洋电缆的重量，就远远超过当时任何一条船舶的载重量。

1857年8月5日，菲尔德的铺设船队从爱尔兰起航，包括摩尔斯在内的业界专家都在船上，实时监测铺设情况。“尼亚加拉”号像蜘蛛吐线一样，一边小心翼翼地缓缓向前移动，一边在后面用绞盘放越洋电缆。电缆的一头固定在爱尔兰，船上的专家时刻与爱尔兰的陆地保持联系，以确保电缆没有断裂。

意外还是发生了，8月11日晚，在成功铺设355海里后，绞盘发生故障，已经铺设的电缆像断线的风筝一样全掉进了海里。

菲尔德失败了。没事，再来。

菲尔德屡败屡试。终于，9年后，也就是1866年，菲尔德的第5次尝试终于成功了。

我扪心自问，10年间失败4次，我还会不会尝试第5次？我不知道。但是真正闪耀的人类群星不会放弃。茨威格在那本著名的

《人类群星闪耀时》一书中，记录了菲尔德永恒的高光时刻。

因为有了电报，几十天时间，真的坍缩为瞬间。

但是，费尽千辛万苦建成的海底光缆，到底有什么用？只是用来让女王向属地发出问候的吗？当然不是。电报的普及，很快就广泛应用在商业上，催生了一批商业电报公司。商人们，终于找到了一个“青龙偃月刀”式的武器，战胜“信息不对称”这条恶龙。19世纪50年代，1/3的电报都与商业相关。而在伦敦，超过一半的电报，都与股票交易相关。

第五节 互联网：井喷一般的伟大机会

什么是互联网？是更高效的连接，是“连接”这股洋流突然升腾起的巨浪滔天。互联网，是目前连接的最有效形态。

1984年，我在南京读小学。有一次，我在语文课本的延伸阅读里读到一篇文章，说美国人发明了一种神奇的炉子，用这个炉子热饭，饭热了碗不热。

这引起了我这个“好奇宝宝”极大的兴趣。我百思不得其解。怎么可能？怎么可能饭热但是碗不热？难道不是应该碗先热，然后饭才被碗加热吗？是不是写错了？这个问题困扰了我很久。直到很多年后，我才知道，这个美国人发明的，是微波炉。

在那个时代，一个简单的信息不对称，可以存在好多年。

那今天呢？

今天我听说，有一种涂料，喷在建筑物上能抗9级地震。这是什么啊？我一边好奇，一边打开搜索引擎，瞬间就得到了答案。

2020年，这个“答案”离我的距离，是“瞬间”。

互联网，这种比电报更高效的连接，把“几年”的时间，坍缩为“瞬间”。

如果说铁路、公路、集装箱是物理连接，电报、互联网，就是虚拟连接。

物理连接，传递物质，拉近距离，造成空间折叠；虚拟连接，传递信息，缩短时差，造成时间坍缩。

2020年春节，中国正在经历新型冠状病毒的疫情。而我取消了去印度的游学，取消了去青岛的参访，在书房写书。写书的间隙，我也会关注一下疫情的进展。依然很严峻，但好消息是，大家都在全力以赴。

我的一位好朋友，畅销书《拆掉思维里的墙》的作者古典躬身入局，和他7个人的小团队，一个没有海关资源、没有外贸资源的团队，就在北京，通过互联网，从俄罗斯买了38万元的物资，寄送给在武汉奋战的前线医护人员。

这在没有互联网之前，完全无法想象。通过互联网，一家俄罗斯厂商有医疗物资的信息，瞬间对称给了古典。

我深受鼓舞，对古典老师说，俄罗斯厂家还有多少医疗物资，需要钱吗？古典说，他还缺50万元，就可以从这家俄罗斯企业手上，买走他所需要的所有医疗物资。我说好的，我来试试。

当天晚上，我通过我的微信公众号“刘润”（runliu-pub），向在互联网那一头的60多万读者发出请求：如果你们愿意，可以捐一点钱，通过上海宋庆龄基金会这个合法可信的机构，请我信任的古典老师受累，从海外购买医疗物资，送到前线。我带头捐5万元。

这在没有互联网之前，完全无法想象。通过互联网，古典老师需要资金购买物资的信息，瞬间对称给我的60多万个读者。然后呢？

然后，50万元，不到1小时就捐满了。当晚，古典老师的团队就开始增加采购。

这就是互联网的力量。以小时为单位变化的疫情，遭遇了以分秒为单位的互联网。这种网聚人的力量的效率，历史上从未有过。

而我，其实真的没做什么。我只是在写书的间隙，连接了一下大家。这件事之所以能发生，是因为连接效率从来没有这么高过，交易成本从来没有这么低过。这种从未有过的连接效率，带来了前所未见的结构改变，正在或已经孕育无数的伟大机会。

阿里巴巴、百度、腾讯、京东、小米、美团、拼多多、携程、云集、得到……数不胜数的伟大机会，像火山一样喷发出来。它们为什么能创造如此难以想象的奇迹？本质上，它们都是坍缩时间的“信息交易平台”。

因为它们，信息的交易成本断崖式下跌。因为它们，信息不对称的恶龙，痛恨自己生错了时代。

市场上100本关于商业的书籍，大约有80本在写这些公司。在读这些书的时候，建议你忽略这些企业创始人的“创业维艰”“真理时刻”“起死回生”，只关心一件事：

他们是怎么专注“连接”带来的巨大的结构性改变，创造性地降低交易成本的。

第六节　万物互联：洋流的下一个方向

那是不是互联网带来的所有伟大机会，都已经井喷结束了呢？

并没有。因为只要连接的效率可以进一步提高，交易结构就会继续巨变，新的伟大机会依然会不断浮现。

比如万物互联。

2013年，我开始担任海尔的集团战略顾问。有一次，我密集地见了很多部门高管，其中包括洗衣机事业部的总经理。当时张瑞敏（海尔内部称“张首席”）给所有海尔高管下了一个死命令：以后不能上网的设备，一律不准出厂。洗衣机事业部总经理就和我探讨洗衣机怎么上网，上网有什么用。

我说，这太有用了。我今天把我身上这件白衬衫扔到洗衣机里面，又把我太太那件红外套扔进去了。如果洗衣机能上网，这时候，它会提醒我：对不起，这两件衣服不能一起洗。

稍微有点生活常识的你一定知道，白色的衬衫和红色外套最好不要放在一起洗。为什么？万一红色外套掉色呢，那我的白衬衫不就毁了吗？这是常识。问题是，洗衣机是怎么知道的呢？

所有的衣服上，都有一个小布头，缝在衣服里面，上面记录衣服的品牌、质地、颜色、洗衣水温、可否干洗等信息。

现在有一种技术，叫RFID（射频识别技术），一个像线圈一样的小芯片，不怕水，也不用插电，被动感应式，上面可以记录关于这件衣服的所有信息。这个芯片也越来越便宜。你把这个小芯片缝在小布头里面，把衣服扔进洗衣机。

滚筒洗衣机的筒口，可以做成RFID识别器。然后，就像用公交卡坐公交、地铁一样，嘀的一下就识别了，洗衣机内置语音说：这是一件白衬衫，这是一件红外套，请不要放在一起洗。

挺有用。那我就把我的白衬衫拿出来，先洗我太太的红外套吧。这时候，洗衣机又对我说：对不起，这件红外套已经洗12次了……最近这件外套打折，你要不要给她买件新的？并给我推送了衣服的链接。

你看，这时候，洗衣机已经不再是洗衣机，它已经和服装业、零售业连在一起了。这就是万物互联。

然后，我把我的西装扔进洗衣机。我的洗衣机告诉我：对不起，西装是不能水洗的。离您家最近500米，有一家干洗店，洗一套西装只要39元钱，你点一下“确认”，干洗店的小帅哥将会在15分钟内上门，取走这件西装。你要不要点一下确认？

你看，这时候，这台洗衣机已经和服务业连在一起了。这就是万物互联。

万物互联，让信息在家电业、服装业、零售业、服务业之间，完全没有时差地传递。在未来，万物之间的信息交易时间，都将逐渐坍缩为瞬间。

到底是谁定义了行业的边界？是连接的效率。我往前冲一冲，你再往回挡一挡。这样，我们就逐渐“打”出来一条行业的边界。这条边界的两边，我做这件事情的效率比你高，你做那件事情的效率比我高。

但是，现在连接效率提升，万物互联，家电产业可以和零售业、服装业、服务业连接在一起，行业的边界开始模糊。交易结构正在发生巨大的变化，新的机会开始涌现。

2018年，海尔牵头成立全球首个衣联网生态平台。2020年，在美国的CES（国际消费类电子产品展览会），海尔展出了这台基于“衣联网”的洗衣机。

5G的普及更是加速了万物互联的到来。除了海尔之外，华为和小米也把船头调整到了“万物互联”这个洋流的方向。

我们家接入米家App的智能产品已经有100多个。室内温度计检测到室温下降，可以自动打开地暖；空气检测仪检测到PM2.5升高，可以自动打开新风机；摄像头可以拍下门口人的移动，并发送到我手机上；手机拍的照片，可以随时同步到电视；等等。

有一次，有个朋友想送我几台非常好的新风机，但我婉拒了。因为他的新风机无法接入我的米家App，无法和其他设备联动。那一刻，我突然感到有些“害怕”，万物互联的网络效应已经初步体现。连接本身已经成为我的需求。

万物互联这一波结构改变所带来的商业机会才刚刚开始，还远远没有喷发。

你打算做些什么？

小成就靠刻苦努力，大成就必须顺势而为。

在变化莫测的商业之海里，在不断优化的交易结构里，其实有一条暗藏的洋流。只有看清这条洋流，才能预测商业的方向，把船头调整到面向趋势。

这条洋流，叫作“连接”。

烽火台、驿站、铁路、公路、集装箱、电报、电话、手机、互联网、移动互联网、万物互联……这条洋流，只会坚定地流向效率越来越高的方向，降低交易成本，提升商业效率，推动商业文明。

那万物互联之后呢？也许是脑机互联……谁知道呢。也许，这就是埃隆·马斯克在特斯拉、SpaceX之外，创立NeuraLink这家研究把人的大脑和机器直接互联的公司的原因吧。

连接，是结构改变的元动力。

讲完“商业到底是什么”，以及商业之下的“越来越高的连接效率”这条洋流是如何推动交易成本降低的，下面我们就可以顺着这条洋流，回答本书的第三和第四个问题：

商业从哪里来？商业到哪里去？

我们从下一章开始。

第三章

线段型商业，商业世界的第一次进化

第一节　网络密度与商业进化

顺着商业的洋流“连接”往上游看。我们试着回答本书的第三个问题：

商业，从哪里来？

要理解这个问题，需要引入一个稍微有点费解的概念：网络密度（Network Density）。请看图3-1。

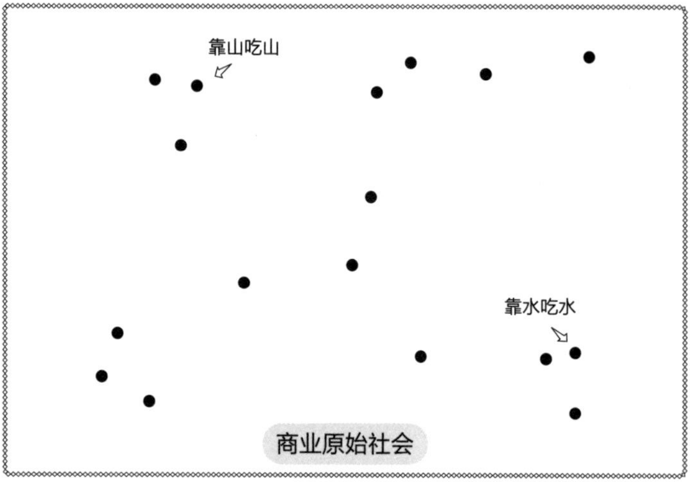

图3-1

这是一张没有连接的网络图，展示的就是商业最开始的状态，我称之为：**商业原始社会**。

我出生在山里面，我也死在山里面。我是猎人，我爸爸是猎人，我儿子估计还是猎人。我们家世世代代都是猎人，靠山吃山。我们家和外面的世界“老死不相往来”。

我们可能永远不会知道，这个世界上还有一户人家，世世代代靠水吃水。他们永远吃不到我们家打的野兔子，我们当然也永远吃不到他们家捕的鱼。

我们都是一个孤零零的与外界没有连接的“交易节点”。

这张图上的17个点，每个点都是一个“与外界没有连接的交易节点”。在数学上，我们称之为：

网络密度为零。

什么叫网络密度？通俗地讲，就是这些交易节点之间“实际连接数”和“可能连接数”之比。用公式表示就是：

网络密度=实际连接数/可能连接数

这17个节点之间，最多可能有多少个连接？

每个节点都最多可以与另外16个节点有一条连接，所以，最多能有（17×16=）272条连接。考虑到A连B和B连A是同一条连接，所以再除以2，那么17个节点之间，最大的“可能连接数”就是（272/2=）136条。

看不懂没关系。我把公式放在这里，你知道这个算法就行：

可能连接数=[交易节点数×（交易节点数－1）]/2

在“商业原始社会”，交易节点之间的“实际连接数”为0，可能连接数为136。那网络密度是多少呢？（0/136=）0。

网络密度为0，没有任何连接，没有任何交易，这就是为什么我称之为“商业原始社会”。

如果我们一定要计算一下打猎的你和捕鱼的他之间的交易成本的话，因为没有连接，因为网络密度为零，所以你们之间的交易成本为：无穷大。

商业原始社会：

$$\begin{cases}\text{网络密度}=0\\ \text{交易成本}=\infty\end{cases}$$

因为农业的出现和发展，人类开始聚集定居，一个个小村落开始形成。小村落里的几户人家开始有了连接。连接带来了交易的可能性，于是，小村落里开始出现了分工。男耕女织，每个人做自己擅长的事情，然后互相交易。

这就是“**小农经济**”。（见图3-2）

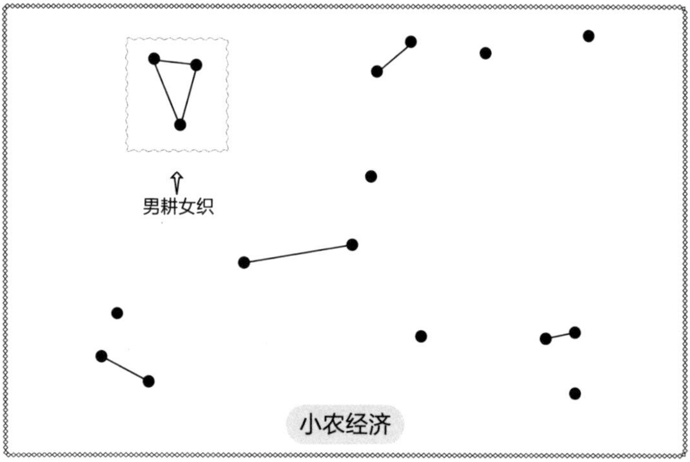

图3-2

以村落、家族为单位的小小的“交易结构”开始形成。小范围的闭环，让一个宗族可以其乐融融，自给自足。那么，这个“小农经济”的网络密度是多少呢？我们来算一下。

首先，数一数这张图实际有多少条连接？7条。刚才说过，17个节点之间，最多的可能连接数是136。

网络密度=实际连接数/可能连接数

所以，这张图的网络密度是（7/136=）5.1%。

从0到5.1%，这就是从商业原始社会向小农经济的进化。

商业的本质是交易，交易依托于连接。连接效率越高，交易成本越低。网络密度越高，连接效率自然也就越高。

从商业文明开始，在第一章我们往前一步，追溯到了“交易成本”，第二章我们继续往前一步，追溯到了“连接效率”，从这一章开始，我们还要往前一步，探究“网络密度”这个商业进步真正的根源。

你会发现，用网络密度的视角，可以一下子看清楚商业从哪里来，并且能预测商业到哪里去。

从小农经济开始，商业密度继续增加，会出现什么样的商业文明呢？会出现**“线段型商业文明”**。（见图3-3）

两个交易节点之间的连接，是连接的最基本形态。但是，这种最基本的连接有个前提条件，就是卖方出售的东西，正好是买方需要的。

比如，你织了一匹布，在家门口卖。我过来买，是因为我正好想做件衣服。不管我是拿鸡蛋跟你换的，还是拿钱跟你买的，

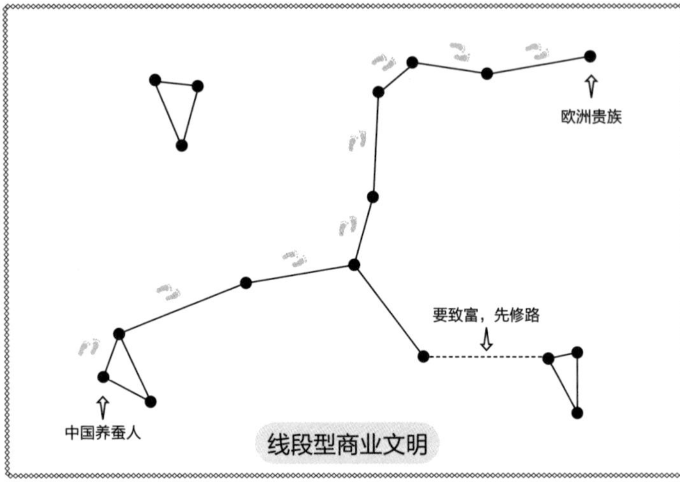

图3-3

都因为你是生产者，我是消费者，我们俩之间需求正好匹配。

但是，如果远在天边的一户人家也想买布来做衣服，不过他们家门口没有织布的，怎么办？他们也很想从千里之外的你手上买布，怎么办？

因为太远，你们之间没有直接的连接，无法一次性完成交易。这时候，你们之间就需要一个或者多个桥梁，桥梁从你手上买布，并不是打算给自己做衣服，他们单纯地只是想用更高的价格卖掉。因为他们的存在，一次交易就像接力跑一样，被拆分成很多次交易，首尾相连。

这就是“线段型商业”。一个个首尾相连的连接，一次次承上启下的交易，最终促成了一次生产者和消费者之间的价值交换。

这张线段型商业文明的图，网络密度是多少呢？数一数，实际连接数是17，可能连接数是136。

所以，这张图的网络密度是（17/136=）12.5%，远大于小农经济的5.1%。

线段型商业，也是商业世界第一次真正的进化，因为从此这个世界上出现了一群既不是生产者，也不是消费者的人群：商人。

商人的价值，就是成为中间节点，在生产者和消费者之间接力，就是把因为没有连接而导致的“无穷大”的交易成本，降为虽然大但有限的金额，比如10 000元，然后通过竞争继续降为1 000元，100元。这就是“线段型商业文明”。

然后呢?

然后商业世界的网络密度继续增加，有一些交易节点因为天然的地理优势、政策优势、技术优势，成为超级节点。这种不断增强的“超级节点”，把商业文明带到下一个时代：**中心型商业文明**。（见图3-4）

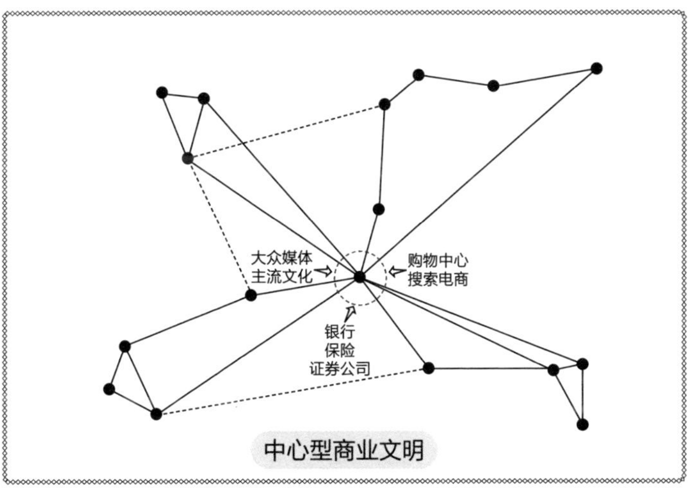

图3-4

2019年，我去了两次大理。人们常说，一个人的丽江，两个人的大理。很多人到这个地方享受偏远带来的宁静。

但是，你知道吗？这个今天人口只有62万（和上海市长宁区人口差不多）的西南小城，在8~13世纪时，却是整个东南亚最大的城市，一点儿都不宁静，热闹非凡。

为什么？因为它是当时整个东南亚国际交易网络的中心。所以，大理又被称为“亚洲十字路上的古都”。后来海运开始发展，连接大规模增多，“超级节点”开始从内陆城市迁移到港口。

为什么古代繁华的城市，都是大理、洛阳、西安（长安）这些内陆城市？因为古代“空间折叠”的主要工具是车马，所以这些城市成为超级节点，风华绝代。在古代，中原就是繁华的代名词。

为什么今天繁华的城市，都在东南沿海？因为现代国际贸易“空间折叠”最主要的工具是海运，所以上海、天津、香港这些靠海的地方，很容易成为超级节点，星光灿烂。

为什么今天最牛气的公司，都是互联网公司？因为当今“时间坍缩”最主要的工具是互联网。在互联网时代，大部分连接已经不需要借助铁路、公路、海运，而是直接在虚拟世界连接。虚拟世界构建连接的边际成本几乎为零，所以很容易出现“超级超级节点”，风光无限。每个掌握“超级超级节点”的企业，如百度、阿里巴巴、腾讯等，其连接价值甚至会超过一个城市群，或者若干个国际港口。

回到中心型商业文明图：图里的连接，已经从商业原始社会的0，增加到小农经济的7，再到线段型商业的17，最后到现在中心型商业文明的24。

这张图的网络密度是（24/136=）17.6%。（见表3-1）

表3-1

示例数据	商业原始社会	小农经济	线段型商业文明	中心型商业文明
实际连接数	0	7	17	24
可能连接数	136	136	136	136
网络密度	0	5.1%	12.5%	17.6%

连接越进化，网络密度越高，商业文明越发达。

今天，我们正身处“中心型商业文明”时代。我们享受，我们痛苦；我们奋进，我们抗拒；我们激动于参与了时代的变化，但又害怕时代变化得太快。我们问自己：中心型商业文明会是商业文明的终极形态吗？

很幸运也很不幸，不是。

中心型商业文明是网络密度提高到一定程度的产物。但是，随着越来越多麦克莱恩（集装箱的发明者）、摩尔斯（电报的发明者）这些“盗火者”的出现，随着他们把越来越多的火种（新的连接科技，比如万物互联、区块链、脑机互联）带到商业文明，网络密度还会进一步增加，商业文明的进化不会停止。

然后我们就会发现一个有趣的现象：

网络密度增加，会带来超级节点；网络密度的进一步增加，会消灭超级节点。

这就像以前家家都没有电视，你家有，你就成了街坊邻居的超级节点。后来每家都有电视了，大家开始回家看电视，超级节点被消灭。

于是，我们开始从“中心型商业文明”，进化到“去中心型商业文明”。（见图3-5）

这是一个看似倒退的进步。

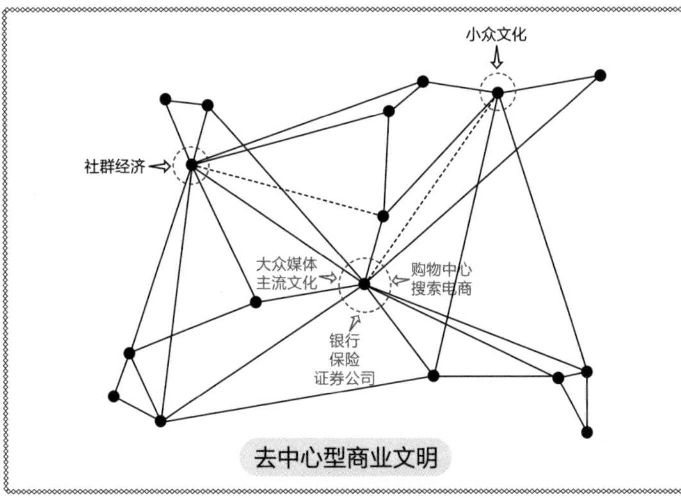

图3-5

1991年，叶倩文出了一首歌，叫《潇洒走一回》。好吧，暴露年龄了。但是我不得不说，这首歌我一辈子也忘不掉。

为什么？因为出门，商场里在放；回家，电视里在放；打开广播，电台也在放。在那个年代，一首歌要是火了，就真的是国民级的火爆。我们能选择的媒体很少，有限的媒体都是超级节点，一旦放这首歌，这首歌就无人不知，歌手也会无人不晓。这就是中心型商业文明下的“流行”。

但是，现在我给你一个名单，请你告诉我，他们是谁：

肖战、张若昀、朱一龙、王一博、李现、杨紫、邓伦、罗云熙、许凯、金瀚

你知道谁？说实话，我只知道杨紫，因为那部《家有儿女》。我还听说过李现，但是名字一直没能和脸对上。其他人就一概不知了。

你如果是个90后或者00后，这时候可能要惊掉下巴了。天啊，他们那么有名，你怎么可能不知道？都互联网时代了，消息这么便利，你怎么还这么闭塞啊？

其实，恰恰是因为互联网时代了，我才会不知道他们。或者这么说，恰恰是因为互联网更深度的连接，带来了很多“副中心”，让一个个小圈子不用连到所谓的“超级节点”就可以形成完整的生态，我才“有机会”不知道他们。

我在我的副中心的小圈子里自娱自乐，你在你的副中心的小圈子里如痴如醉。这就是“去中心型商业文明”。

这些明星就是一个个副中心。有些副中心比较大，有些副中心比较小。但是不管大小，在他的圈层里大浪滔天，觉得天下无人不知的事情，在圈层之外，风平浪静，无人问津。

再举个例子。

你们公司发布了一个新产品，大家都特别激动，所有员工都在朋友圈转发。那一刻，你的朋友圈被你们公司发布新产品的消

息刷屏了。你非常激动，也非常得意。

但是，你如果清醒的话，可能会意识到，之所以会刷屏，是因为你的朋友圈大多都是你的同事，你们是一个“圈层”。你们在这件事情上，都围绕着你们公司这个“副中心”。

假如你们公司有200人，这条消息在朋友圈够你刷半天，并且嘚瑟一阵子了。但是这条消息很可能根本就没有“出圈”，就在这200人附近流传。你认为的刷屏，你认为的天下皆知，只是你的自娱之乐。

连接效率的提升，塑造了“超级节点”，也终将会消灭“超级节点”。连接效率的提升，导致一个个副中心的出现，而这些副中心，会不断蚕食超级节点的用户和商业价值。

这就是“**去中心型商业文明**”，也正是今天的商业世界正在一步步发生的结构性变化。它正在重新孕育一家家伟大的企业。

这张图的网络密度是多少呢？

它的网络密度是（33/136=）24.3%。

那么，“去中心型商业文明”之后呢？如果网络密度达到100%，也就是因为科技的进步，所有可能的连接数都被实际连接起来了呢？

这在理论上是可能发生的，但实际上非常困难。我们把这个也许永远无法到达的商业文明，起了个名字，叫作“**全连接型商业文明**”。（见图3-6）

$$\begin{cases}\text{网络密度}=100\% \\ \text{交易成本}=0\end{cases}$$

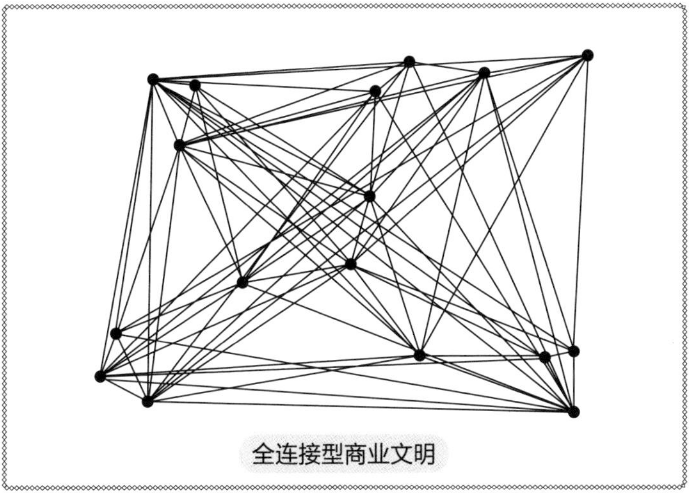

图3-6

什么样的科技能促使“全连接型商业文明”变成现实?

也许是万物互联，也许是区块链，也许是脑机互联，也许是生物科技、基因科技的重大进步，我不知道。但是一旦实现，可能就会出现科幻电影里的场景，所有人类共享一个大脑，我知道的你都知道，人们因为没有信息不对称，再也不存在信用不传递的问题。整个世界的交易成本，可能会接近理论最低。（见表3-2）

读到这里，我终于可以把“网络密度”和“交易成本”这两条理解商业进化的线索，交到你手中了。请拿好：

“连接”是进化的动力。衡量连接效率的终极指标，是网络密度。商业进化的方向，就是从“网络密度=0”，向“网络密度=100%”前进。

表3-2

示例数据	商业原始社会	小农经济	线段型商业文明	中心型商业文明	去中心型商业文明	全连接型商业文明
实际连接数	0	7	17	24	33	136
可能连接数	136	136	136	136	136	136
网络密度	0	5.1%	12.5%	17.6%	24.3%	100%

“交易”是商业的本质。衡量交易效率的终极指标，是交易成本。商业进化的方向，就是从“交易成本=∞”，向“交易成本=0”前进。

总结一下，在商业文明的进化中，我们从这里来：

商业原始社会→小农经济→线段型商业文明→中心型商业文明

我们到那里去：

去中心型商业文明→全连接型商业文明（见图3-7）

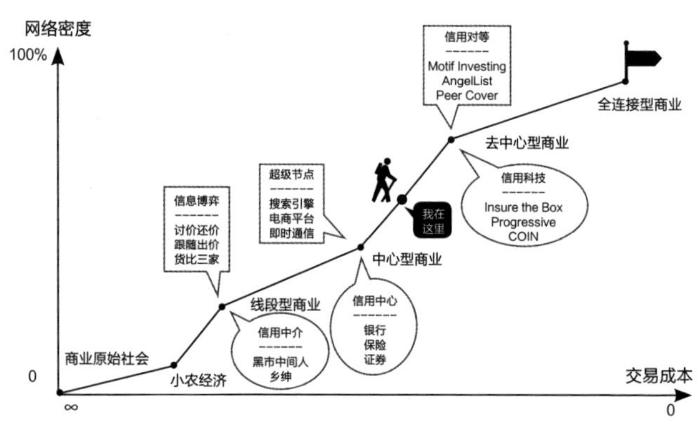

图3-7

意大利哲学家、历史学家克罗齐说：“一切历史都是当代史。”学习历史的目的，正是为了从中总结规律，然后用这些规律理解当下、预测未来。

未来应该做什么，才能在不断增加的网络密度、不断提高的连接效率下，降低交易成本，获得巨大的商业成功呢?

那就和我一起，从真正的商业世界的第一次进化——“线段型商业”开始，一段段回顾 “商业简史”，理清脉络，然后顺着正确的脉络，走向未来。

现在，我们开始。

第二节 线段型商业，只为连接得更远

“线段型商业”虽然是过去，但研究它却有非凡的现实意义。因为今天依然有很多行业，活在这个化石一样的时代，比如层层加价的批发业。今天，当你看到有符合“线段型商业”特征的行业时，应该兴奋不已，因为，改变它们就是你的机会。

线段型商业，是一种由“一个个首尾相连的连接，一次次承上启下的交易”构成的交易结构，最终促成了生产者和消费者之间的价值交换。历史上，最著名的“一个个首尾相连的连接，一次次承上启下的交易”，可能就是丝绸之路了。（见第三章第一节图3-3）

丝绸之路，最早起源于西汉（公元前202年—公元8年），是张骞开辟的从长安开始，经过甘肃、新疆、中亚、西亚，最后连接地中海各国的陆上通道。

据说丝绸之路最早卖的主要不是丝绸，而是玉，这也是为什么有“玉门关”之说。德国学者李希霍芬在其著作《中国》一书中将这条路命名为“丝绸之路”，从此被广泛使用。

丝绸之路是一条真实的路，它是物理上的“连接”。现在，让我们从“交易”的角度，重新梳理一下那个时代基于丝绸之路的“线段型商业”。

假如说，一个欧洲的有钱人想要买一匹绸缎做衣服，这个交易如何完成？（见图3-8）

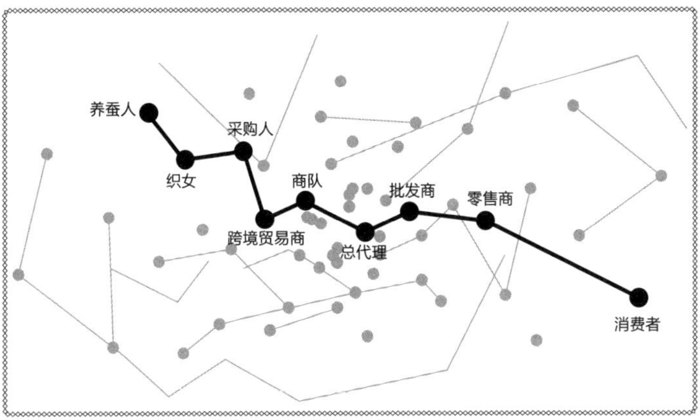

图3-8

在商业原始社会和小农经济时代，这个交易不可能完成。因为生产者和消费者之间没有“连接”，交易成本无穷大。

但现在有了商人。他们纯粹为了利益，成为接力式的中间节点，把生产节点和消费节点，一段段连接起来。

中国的江南一带，有一个养蚕人张伯伯，他日日劳作，就是希望能把蚕伺候好，产出更多的蚕丝。他知道这些蚕丝会被织成布匹、做成衣服。但是，他完全不知道谁会穿上这件衣服，哪件衣服的蚕丝是他养的蚕吐出来的。张伯伯是一个生产节点，他只管一件事，把蚕丝卖给织女小婉。他们常年合作，彼此信任，所以没有什么讨价还价，也没有什么验货后付尾款。他们之间的“交易成本”非常低。

这就是整个交易最开始的第一个“线段”。

小婉虽然买下了蚕丝，但是她并不消费这个蚕丝。她只是知道，把蚕丝纵横交错编织成一匹绸缎，价格要高不少。她是一个增值的生产节点。

小婉用灵巧的双手，编织出五颜六色的绫罗绸缎，然后等着采购人阿满上门。

采购人阿满定期到村子里来收绸缎。他要去十几户织女家，但他第一个就来到了小婉家。因为他知道，小婉的绸缎是最好的。阿满挑了挑，最后把所有的绸缎都买走了。阿满多年的采购经验，降低了“比较成本”。

小婉和阿满，构成了第二个“交易线段”。

阿满收完丝绸后，来到了孙老板这里。孙老板是当地有名的跨境贸易商，他从所有采购人那里收购丝绸，卖到欧洲。孙老板对阿满的丝绸挑三拣四，但其实阿满知道，他就是为了压价，这是他克服信息不对称的方法。阿满知道孙老板有个大客户正着急组货，所以咬死不松口。最后阿满“得逞”了。

你发现没有，张伯伯不认识孙老板，孙老板也不认识张伯伯。但是通过小婉和阿满一段段的“接力”，他们在互不相识的情况下，完成了一次交易。一个个交易线段，开始首尾相连。

孙老板组完货之后，赶紧找到老李头的商队，他们经常穿越丝绸之路，非常有经验。孙老板不但付运费给老李头，还和他谈了一个分成模式，现在他们俩是合伙人。孙老板放心地把货交给了老李头。

“合伙人”模式，是他们克服“信用不传递”，建立进退同盟关系的手段。一个新的线段被接上交易的链条，延伸向欧洲。

老李头经过长途跋涉，终于来到了地中海地区，找到了当地最大的丝绸买家，一个中国丝绸的总代理大卫。大卫只做一件事，就是收买所有来自中国的丝绸，然后控制定价权。

那条源自中国的长长的交易链条，因为老李头，和欧洲本地的交易节点终于相连。

大卫的仓库里堆了很多来自中国的丝绸。他要等到价格最合适的时候，卖给各地的批发商。约翰就是一个等着买货的批发商。他知道，从大卫这里，欧洲的最源头买到丝绸，再运到自己的国家，卖给那些小店，中间的利润非常可观。

一条早已成熟的本地分销线段，开始接力。“分销”，是一组早已成熟的“交易线段”，等着连上拥有货源的“交易节点”。

约翰冒着生命危险，绕开各地的大小战争，把丝绸运回繁华的城市。这里有一个当地最有名的裁缝安娜，专门给欧洲的有钱人做绸缎锦服。安娜已经缺货好几天了，终于等到了回城的约翰。

一条通向商业网络毛细血管的线段，被安娜接过了最后一棒。

安娜有一个大客户，是本国国王。他第二天要举办一个非常重要的宴会，急需一件名贵的丝绸衣服，多少钱都行，只要今晚能赶出来。安娜加班加点，终于做好了华服。第二天，国王终于如愿以偿地穿上了中国丝绸。

终于，一条起始于中国张伯伯的交易链条，结束于这位欧洲国王。

张伯伯永远也不会知道，他的蚕丝最终会穿在一个欧洲国王身上，而这位欧洲国王也永远不会知道张伯伯。但是通过小婉、阿满、孙老板、老李头、大卫、约翰、安娜，这一个个首尾相连的连接，一次次承上启下的交易，两个永不谋面的人完成了交易。

丝绸之路，是网络密度增加到一定程度，必然会出现的路。建造这条路的，不是马帮，不是驼队，不是边疆军人，而是每一个“交易节点”获利的渴望。丝绸之路不从这里通往欧洲，就一定会从那里通往欧洲。交易成本低的地方，最先成为路。这就像长江，不是从这里流向大海，就一定会从那里流向大海。遭遇阻挡小的地方，最先成为江。

线段型商业，通过这些以获利为目的的交易，连接起一个个中间的“交易节点”，把交易伸向了越来越远的远方。

中国有句话，叫“商人重利轻别离”。为了通向远方，商人出发一次，就要在路上花几个月的时间，不“轻别离”不行，否则就赚不到钱。

还记得“要想富，先修路”吗？为什么要先修路？如果不修路，你就是一个孤立的“小农经济”，没有连接到“线段型商业文明”的主要链条上。

这就是“线段型商业”。

第三节 线段型商业，如何降低交易成本

线段型商业，是比小农经济更先进的商业文明。因为它能通过首尾相连的交易链条，把商业延伸到远方。线段型商业的网络密度有明显提升。

但是只要有交易，就会有摩擦和损耗。人们是怎么解决商业世界的两大永恒摩擦力——信息不对称和信用不传递，来降低交易成本的呢？

其实我们今天很多习以为常的方法，都是线段型商业留给我们的减小摩擦力、降低交易成本的智慧。

解决“信息不对称”的方法

只要有交易，就会有买卖双方；只要有买卖双方，就会有信息不对称。这种不对称，在线段型商业一个点连一个点的特征下被放大了。

比如，我怎么知道你说最便宜，是不是真的最便宜？我怎么知道你说大家都抢疯了，就真的是有人抢？我怎么知道你说最后三天清仓大甩卖，就真的是只卖最后三天？我只和你有连接，其

他的一无所知。

这就是线段型商业面临的“信息不对称”问题。

那怎么办呢?

在线段型商业时代，商人们“发明”了一种办法，克服这种信息不对称，那就是：博弈。单次博弈、多次博弈、一段段首尾相连的博弈，同样延伸到远方，降低整个交易链条的交易成本。

线段型商业时代的“信息博弈”方法中，有很多办法延续至今，我们习以为常，但依然非常有用，有巨大的现实意义。

比如，讨价还价。

讨价还价

1999年12月，在大学毕业一年半之后，我从北京到上海，加入微软。

12月已经是冬天，上海的冬天很冷。我下了班后，赶去南京东路步行街的第一百货，想买件羽绒服。我看中了一件羽绒服，卖家是一个上海本地的老阿姨。我问羽绒服多少钱，老阿姨说要800元。

我说：“太贵了。你看我就是一个穷学生，哪里买得起啊。便宜点，便宜点我就立刻买走了。”我开始卖萌。

老阿姨看了看我，用慈祥而温暖的声音说：“唉，算了算了，今天最后一单生意了，那就600元吧。”

这就是“讨价还价”。

我不知道老阿姨的底价是多少。但是我把800元的价格，还到了600元，降低了200元的“交易成本”。

讨价还价，是一种“信息博弈”。

我欣喜若狂，觉得遇到好心人了。老阿姨说去后面仓库里帮我拿一件新的。我还挺感激的，就在那里晃着等。

这个时候，我看到柜台上摊着一个本子。都怪我不好，不该看的。看了一眼之后，我整个人都不好了。你知道，售货员每天要卖不少衣服，每件衣服价格都不一样，如果不记账，晚上根本不记得卖了多少钱。我来的时候，这个老阿姨正在本子上记账。

这个本子上记着什么呢？就是我买的同款羽绒服，下午以500元卖掉了一件，上午以350元卖掉了一件。而老阿姨卖给我600元，我居然还觉得自己占了颜值和卖萌的便宜。

卖萌真的可耻啊。

现在，我们用商业的逻辑来复盘一下这件事。

你是否曾经有一丝丝觉得，讨价还价是多么奇怪的一个行为啊！这个世界为什么会有讨价还价这件事存在？

因为“信息不对称”。

我进商场之前，是有一个最高心理价位的，比如600元。比这个价格高，再好的羽绒服我也不买，买不起。而老阿姨呢？她那件衣服是有个进货价的，这是她的最低心理价位，比如300元。

我不知道老阿姨的最低心理价位，老阿姨也不知道我的最高心理价位。这就是信息不对称，我知道一些你不知道的事情。然后，我们就开始讨价还价。讨价还价的本质，就是在最低价（300

元）和最高价（600元）之间，找到一个双方认可的成交价。找到了那个点，交易就能完成。

具体在哪个点成交，就涉及两个经济学概念：生产者剩余和消费者剩余。

如果这件羽绒服是550元成交的，那么我就拿走了50元（600元－550元）的消费者剩余，而她拿走了250元（550元－300元）的生产者剩余。这说明，她的讨价还价能力比我强。

假如最后我们是320元成交的，那么我的消费者剩余是280元（600元－320元），她的生产者剩余就是20元（320元－300元）。这说明，我的讨价还价能力比较强。

到底是生产者剩余更多，还是消费者剩余更多，就看双方的议价能力。

讨价还价，是线段型商业文明中的每一个交易线段上，用来消除信息不对称、减小交易成本的重要方法。

不过显然，在这场博弈中，这位老阿姨是当之无愧的胜利方。当时我非常懊恼我妈不在旁边，她用讨价还价的技巧，破解信息不对称、探究对方底价的能力，常常令我叹为观止。她在的话，胜负就未可知了。

讨价还价，是线段型商业文明中的每一个交易链条上，用来消除信息不对称、减小交易成本的重要方法。这个方法，我们口口相传，一直沿用至今。我只不过是学艺不精，怪不得别人，愿赌服输。

但是，我有一招“独门秘籍”，常常帮我在“信息博弈”中获胜。

我买东西的时候，常常会跟着一个老人家。为什么？因为老人家讨价还价、信息博弈的能力，常常比我高好几个数量级。

老人家和卖家唇枪舌剑，你来我往，非常精彩。最后，卖家说：算了算了，怕了你了，就187元吧。这时候我会说：给我也来一个……

这是我利用他们之间的“信息博弈”，降低我的交易成本的方法。是不是很机智？

但是，道高一尺，魔高一丈。很多商家早就想到了，他们有自己的办法，继续制造信息不对称。

什么办法？

你有没有看过这样的电视剧，在某个古代集市上，一位茶商正在和一位买家讨价还价。但是，他们不是用嘴讨价还价，而是用手。两个人的手握在一起，用大袖子盖着，然后在袖子里比画。他比画说30两银子，你比画说太贵，15两行不行。他比画说不行，最少20两。最后，19两成交。

他们俩银货两讫，成交走人，我完全不知道是什么价。成交价这个信息，对我这个旁观者来说，依然是不对称的。这样，卖家依然可以用高超的谈判技巧，和我来一次全新的“信息博弈”，从我这里赚走更多的钱。

真是斗智斗勇啊。那我就真的没有办法战胜这个新出现的“信息不对称”了吗？

当然不是，我还可以“货比三家”。

货比三家

我讨价还价的能力确实不如你。你说多少钱？600元？好的，谢谢你，我再去旁边那家看看，一会儿再回来。

你只要把这句话说出来，老阿姨可能就会说：壮士留步！500元，现在就拿走。

你这时候要坚定地离开去下一家看。旁边的商场，这件羽绒服卖多少钱？400元？果然便宜。再去看看另一家，700元？

这时你应该干什么？回到第二家商场，用400元买走这件羽绒服。

这就叫“货比三家”。

因为卖家通常掌握的信息更多，所以讨价还价时，卖家通常占有更大的优势。这就是“买家没有卖家精”“只有买错的，没有卖错的”。

但是，面对这样的“信息劣势”，也就是天然的“信息不对称”，买家也有自己的撒手锏——货比三家。

讨价还价、跟随出价、货比三家。这些都是买家通过“信息博弈”来消除信息不对称的方法。

在线段型商业文明中，作为买家的中间节点，必须熟练运用这些“信息博弈”的手段，消除信息不对称，降低交易成本，才能让自己成为不可替代的关键节点。

解决“信用不传递”的方法

所有的交易结构，只解决信息不对称问题是不够的，还必须解决信用不传递问题。

什么叫“信用不传递”？

信用不传递，就是离我越远的人，我越不信任。

买家和卖家已经解决了信息不对称的问题，决定交易，但因为彼此不熟悉，没有“信任”，总怕对方会背弃承诺，走不出最后一步。怎么办？

这时，找一个彼此都信任的中间人，成为“信用中介”，是线段型商业中非常重要的接力方法，比如乡绅。

乡绅

在一个偏远的乡村，A向B借2 000元钱，说当路费出去打工，半年后回来，挣到钱后就还给B连本带息2 200元。B有点动心，但是担心A还不起。A就说，别担心，我拿我家牛做抵押，还不上钱，牛就不要了。然后，A就出去打工了。

半年后，A回来了，身无分文。B问怎么回事。A说钱是挣到了，但是还没发过来。老板说要一个月后发，打到账上。

B觉得A在说谎，一下子就害怕了，说2 200元我不要了，牛我牵走。这头牛是A家全部的生产工具，一牵走，A就什么都做不了了。A说，你相信我，一个月之后，我给你2 500元，你不要把牛牵走。但B就是不信，咬死了要把牛牵走。两人就吵了起来。

为了解决问题，A和B就到村里最有威望的人——德高望重的乡绅那里去评理。

“德高”是指品德高尚，如何判断一个人品德高尚呢？是通过多次的交往，大家对他日常为人处世的认同。“望重”是指威望高，如何认定一个人的威望高呢？占有的社会资源多，包括他的人际网络、财富等。所以，乡绅一般由大家族的年长者担任，而且大多数是退休下来的官员。

“德高望重”这四个字其实就意味着“信用”，全村人都听他的话。所以，这份附着在乡绅身上的“信用”，在线段型商业中，就被很自然地借用来做信用中介，成为解决A和B之间信用不传递问题的工具。

乡绅听完整件事，说：“听明白了。我是看着A从小长大的，我相信他。A你就写张借条给B，说清楚一个月后，你会还给他2 500元。怎么还，在哪里还，都写清楚。”

然后转身对B说：“A已经答应多给利息了，而且你把牛牵走，他们家怎么办？你相信我吗？如果你相信我，就等一个月后再去要钱。再让他多送给你两篮子鸡蛋，可以吗？”

你看，这时候，乡绅把自己的信用“借”给了A，用来打消B的疑虑，促成交易。乡绅这种天然形成的信用中介，是线段型商业世界里非常重要的用来消除“信用不传递”这个摩擦的工具。

除了乡绅，还有哪些“信用中介”，在线段型商业世界浮现出来呢？

我给你讲个更有趣的：黑市中间人。

黑市中间人

假如你是一个“惊天神盗”，刚刚偷了一幅在拍卖行成交价100万美元的名画。你想赶快把这幅画偷偷在“黑市”上卖了赚钱。请问，你觉得这幅画能卖多少钱？

100万美元？80万美元？至少50万美元吧？

错。黑市上的成交价，大概会在5万美元以下，也就是原价的5%不到。

啊？5%都不到，这就是赚个辛苦钱。为什么？

因为“信用不传递”。

上次拍卖会，有个富商非常喜欢这幅画，想用90万美元买，没买到。你现在偷了这幅画，敢不敢去找这个富商，说我给你打个折，50万美元卖给你？

你不敢，因为不信任。你怎么知道他会不会断然拒绝，然后报警？

反过来说，你猜那位富商如果真想买，不报警，他敢不敢买？也不敢。

为什么？也是因为不信任。

1911年，卢浮宫的一个工作人员藏在储藏室里，在闭馆后偷走了著名的《蒙娜丽莎》。还好，1913年，这幅世界顶级名画被追回。整整100年后，2013年，我才有幸在卢浮宫一睹真容。

但是，最狗血的事情来了。1932年，一份笔录揭示了偷画的真正幕后主使：瓦尔菲尔诺。瓦尔菲尔诺说，他偷画的真正目的，只是让它在全世界人的眼皮底下消失。然后呢？

然后，他就可以悄悄地去拿着伪作去找富商们，说：这是我刚刚偷出来的《蒙娜丽莎》，我就告诉你一个人了，要不要买？富商压抑着内心的激动，从瓦尔菲尔诺手上买下了《蒙娜丽莎》的伪作，还不敢去鉴定。

最后，这个“旷世奇才”把伪造的《蒙娜丽莎》当作真迹，卖出去了6次！那些富商吃了天大的亏，也只能把苦果往肚子里咽。

所以，你猜富商还敢不敢从小偷手上买名画？不敢，因为不信任。

富商不信任小偷，小偷不信任富商，他们之间“信用不传递”。怎么办？

他们之间需要一个“信用中介”。这个中介，就是“黑市中间人”。

黑市中间人是双方都信任的人。而且，黑市中间人的信用值一定要非常高，因为黑市是被法律严厉打击的地下市场，如果他的信用值不高，风险如此巨大的交易就不可能达成。

收藏家只敢从黑市中间人手中买画，大盗也只敢把画卖给黑市中间人。没有他，这个连接就是断的，这个交易就无法完成。所以，你觉得他会收多少钱？

95%！

因为这中间的大部分价值不是偷画的价值，偷画是个体力活。这中间大部分的价值，是成为非常值得信任的“信用中介”的价值，这个是脑力活。

线段型商业，是商业文明的第一次重大的进化。一个个首尾相连的连接，一次次承上启下的交易，把商业延伸向远方。也因此，不是生产节点，也不是消费节点，而仅仅是来帮助生产节点、消费节点完成交易的第三种角色——中间节点——出现了。

这个中间节点，就是商人。

商人看上去是以自带“交易成本”的形式存在。所以，很容易被人认为是“中间商赚差价”“空手套白狼”，甚至是“投机倒把”。

作为商人，我们要清楚，商人群体其实一直在通过“信息博弈”的方法战胜“信息不对称”，用“信用中介”的方法战胜“信用不传递”，不断用创新的智慧，克服“信息不对称”和“信用不传递”的摩擦力，用最低的损耗和交易成本，把商品从生产节点手中，像接力棒一样，最终传递到消费节点手中。

不过，线段型商业，仅仅是拉开了商业文明进化的序幕。真正激动人心的，是随之山雨欲来的“中心型商业文明”。

我们下一章来讲。

第四章

中心型商业，商业世界的侏罗纪时代

第一节　什么是中心型商业

随着科学技术的发展，连接手段的进步，网络密度的提高，更多首尾相连的“线段型商业”开始出现，从各自的起点通向各自的远方。

这些越来越多的、起点和终点各不相同的线段，开始出现交错。每两条交错的线段型商业，都催生出一个“十字路口”。（见图4-1）

十字路口的“连接价值”超过线段上任何一个交易节点。为什么？因为十字路口的存在，从一个起点出发，可以去到三个终点。交易的可能性大大增加。（见表4-1）

接着，十字路口也越来越多，甚至开始出现四条线段型商业交错出来的“米字路口”。

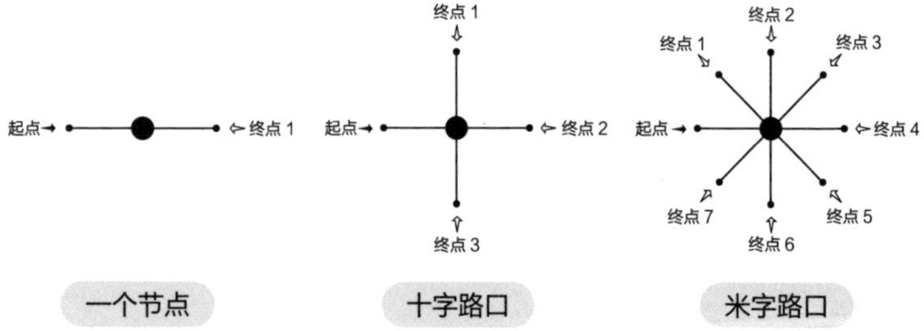

图4-1

表4-1

	一个节点	十字路口	米字路口
线段数量	1	2	4
可选终点	1	3	7

米字路口的“连接价值”，超过任何一个十字路口。为什么？因为米字路口的存在，从一个起点出发，可以去到七个终点。交易的可能性更是飞速提高。

于是，连接的增多，网络密度的提高，开始导致一些“**超级节点**”的出现。比如，罗马。

公元前3世纪到公元前1世纪左右（大约是秦始皇修长城的时候），罗马人以罗马城为中心，向外修建了通往四面八方的大道。据记载，罗马人一共修建了大约8万公里长的硬质道路，把罗马城放在了“米字”的中心。当时的人传说，只要你沿着意大利半岛，乃至欧洲的任何一条道路，不停地走，最后一定能抵达罗马。

这就是“条条大路通罗马”的来历。

8万公里，可以绕地球两圈。这些道路，成为古代地中海地区规模最大的交通运输网络。这使罗马城逐渐成为罗马帝国，乃至欧洲的政治、经济、文化中心。甚至西欧天主教的中心，也建在罗马（今天的梵蒂冈），前往朝圣的各地教徒络绎不绝。

罗马城，成为“超级节点”。

再比如，武汉。

在明代，武汉就已经享有“九省通衢”的美称。为什么？因为它借助身处中国地理中心（附近）的天然优势，主动把自己建设成全国性的水陆交通枢纽。

武汉，成为“超级节点”，成为当时“楚中第一繁盛处”。

为什么线段交错成超级节点，就会导致这个节点繁盛呢？充其量，它只是一个“交通枢纽”吧？很多人可能会不解。这确实需要解释一下。

超级节点的价值，不是“交通枢纽”，而是“交易中心”。

“超级节点”的价值，远超任何一个普通“交易节点”。因为在一个普通的交易节点，你只能和一个人交易。但是在超级节点，你可以和10个人、100个人，甚至1 000个人交易。

人们并不是把物资从北京运到广州时，路过武汉，歇个脚，然后继续赶路。从北京去广州的人，从天津去长沙的人，从西安去杭州的人，都在这里歇脚。如果只是歇脚，那武汉只是一个“交通枢纽”。

但是，把货物从北京运到广州的人，在这里遇到了去长沙、杭州的人，一聊天，发现他们更需要这个货，能出更高的价钱。于是，他可能从下一单开始，改变交易“线段”，不把货送到广州了，而是送到长沙、杭州。

甚至，他会把货直接运到武汉，停下来不走了。等着长沙、杭州，乃至全国的人来“讨价还价”“跟随出价”“货比三家”。这时，武汉就成为一个“交易中心”。

这样，交易所创造的价值逐渐沉淀在武汉，武汉就会成为“楚中第一繁盛处”。

还记得上一章说到的大理吗？

在公元8—13世纪，大理之所以能成为东南亚最繁华的城市，也是因为它主动或者无意地因其“超级节点”的地理位置，成为“交易中心”。

陆运时代的罗马如此，大理如此，武汉如此；海运时代的香港如此，天津如此，上海如此。

现在，我们再来看“中心型商业文明图”（见第三章图3-4）。

当若干“线段型商业”彼此交错时，中心型商业开始像火山爆发一样，喷薄而出。这场火山爆发，最开始可能只是你家门口那一点点微不足道的震感。然后蔓延开来，直到山崩地裂。

我们来看看，中心型商业文明是如何从“小区级中心”，扩大到“城市级中心”，再扩大到“全国级中心”，最后扩大到“全球级中心”的。

小区级中心

我很小的时候，在家做作业时，偶尔会听到窗外传来一声清亮的吆喝“麦芽——糖——”。我欣喜若狂，拿着好不容易存的一点点零钱，冲到门前，买一块麦芽糖，吃个好几天。

有时候，在门口叫卖的不是麦芽糖，而是“糖芋——苗——”，我一样会欣喜若狂，这我也喜欢吃。

还有的时候，门口传来的是“磨剪子——呐——戗——菜——刀——”，这我就不感兴趣了。

可是现在，用商业思维想一下，当时这样走街串巷的效率多低啊。比如那个卖麦芽糖的小贩，他就是把麦芽糖的生产者和我这样的消费者连接起来的商人，是中间节点，是一个线段的一个节点。这个节点，只能连接一种产品供需链条上的双方，是“线段型商业”。

但是，如果他的担子里，除了麦芽糖，还有糖芋苗呢？这时候，他就成为一个“十字节点”，连接两种生产者和消费者。小贩的效率会大大提高。

进一步，如果他的担子里，除了麦芽糖和糖芋苗，还有雪糕和糖葫芦呢？这时候，他就成为一个“米字节点”，连接四种生产者和消费者。小贩的效率会进一步提高。这时候，小贩的交易结构，正在从“线段型商业”过渡到“中心型商业”。（见图4-2）

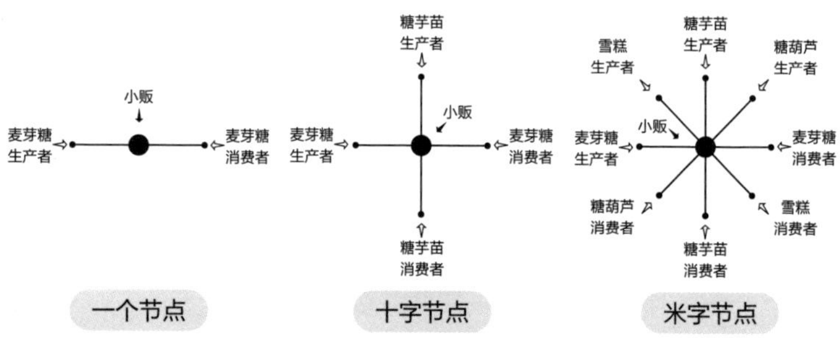

图4-2

一个卖很多东西的走街串巷的小贩，就叫“卖货郎”。然后，他卖的东西越来越多，背不动了怎么办？卖货郎就进化成了我们家门口的“夫妻老婆店”。

夫妻老婆店，是一种典型的小区级中心。

我从批发市场采购几千种货品，面对街坊几百户人家。A户人家和1号货品的连接，B户人家和2号货品的连接，C户人家和3号货品的连接，都可以在我这个小小的夫妻老婆店里完成。

我和我老婆分工协作。我的工作是去批发市场进货，也就是对接货品一端的几千个连接。我老婆的工作，就是守在店里卖货，也就是对接街坊一端的几百户人家。

我的小店，就成为我们小区的一个超级节点、交易中心。

现在越来越少看到走街串巷卖麦芽糖、糖芋苗、雪糕、糖葫芦的了，更看不到走街串巷卖烧饼的了，不是因为“西门庆害死了武大郎”，而是因为夫妻老婆店这种小区级中心，逐渐取代了走街串巷这种线段型商业的交易结构。

城市级中心

小时候，我们家开过一段时间夫妻老婆店，但是后来关了。为什么？因为大型超市的普及。

那时候，我不知道谁是山姆·沃尔顿，也不知道沃尔玛的小镇战略。我只知道，来我们家买东西的人越来越少，他们都去了家乐福、沃尔玛。因为家乐福卖的东西，比我们从附近批发市场批发来的还要便宜。

最后，我们只能关店，然后自己也成为家乐福的顾客。

像我们家这样关掉的夫妻老婆店，数不胜数。家乐福开始成为这个城市的超级节点、交易中心。一家跨两层购物中心的家乐福，大约有10万个以上的SKU（库存量单位），每天能接待2万～3万顾客。而我们家的夫妻老婆店，只有几千个SKU（我怀疑都不到），每天接待几十、上百个顾客。

家乐福、沃尔玛是比夫妻老婆店要超级得多的超级节点，它们在中国的营收，以远超当时零售行业平均水平的速度在增长。

一种模式的增长，如果超过行业平均水平，那一定是因为交易结构的改变。一种交易结构的超额增长，一定是因为另外一种交易结构的超额下滑。

换句话说，家乐福和沃尔玛的超额增长是从哪里来的？从夫妻老婆店手里“抢”来的。一家大超市的崛起，是以100家甚至1 000家夫妻老婆店的消亡为前提的。也就是说，商业世界，正在从零散走向集中，从小区级中心走向城市级中心。

真正的进步，都是创造性破坏。你可以同情，但是无法挽救那些被时代抛弃的模式。

全国级中心

再然后呢？出现了“万能的淘宝”。

有一次，我突然想给我的布艺沙发买一个用来放茶杯的扶手。每家沙发扶手的宽度都不一样，我想要是能买到一个大小可调的，就像古代竹简一样的杯托扶手就好了。然后，我输入几个关键词，在淘宝上搜索我想象出来的“杯托扶手”。

居然被我找到了！

“万能”的淘宝！你能想象的一切东西，几乎都能买到。为什么？因为它是一个比家乐福、沃尔玛又要大得多的超级节点、交易中心。

截至2019年1月，淘宝上的店铺大约有1 100万家，天猫店铺大约有28万家。如果每家店至少卖10~100种货品的话，淘宝上销售的商品至少有1.1亿~11亿种。

那淘宝有多少用户呢？截止到2019年8月，淘宝用户数超过7.55亿，其中每日活跃用户数大约2亿。也就是说，淘宝是一个连接7.55亿用户和11亿货品的超级节点[1]、交易中心。（见表4–2）

表4–2

中心强度	小区级中心	城市级中心	全国级中心
样例	夫妻老婆店	家乐福	淘宝
用户	几百	几万	7.55 亿
货品	几千种	10 万 + 种	1.1 亿 ~11 亿种

根据国家统计局的统计数据，2019年，中国社会消费品零售总额约为41万亿元。而2019财政年（2018年4月1日至2019年3月

1　因无法取得官方数据，此数据是基于推算，可能存在一定误差。

31日），阿里巴巴的GMV（成交总额）为5.73万亿元。

虽然这两个数字不是一个统计口径，但是也可以据此计算出一个大体的比重，阿里巴巴的GMV占中国社会消费品零售总额的13.98%。这是多么可怕的一个数字。

为什么淘宝、天猫、京东、拼多多等，能以如此突飞猛进、远超行业平均水平的速度增长？前面说过：

> 一种模式的增长，如果超过行业平均水平，那一定是因为交易结构的改变。一种交易结构的超额增长，一定是因为另外一种交易结构的超额下滑。

换句话说，淘宝、天猫、京东、拼多多的超额增长是从哪里来的？从沃尔玛、家乐福手里“抢”来的。一家大电商的崛起，是以100家甚至1 000家沃尔玛、家乐福的消亡为前提的。

同样的道理，商业世界正在继续从集中走向更加集中，从城市级中心走向全国级中心。

那么，全国级中心还会继续集中吗？如果会，还能集中到哪里去呢？

全球级中心

2019年，Mob研究院发表了一份《85、95、00后人群洞察白皮书》，对新生代消费者做了不少研究，里面关于电子商务的研究，引起我很大的兴趣。（见图4-3）

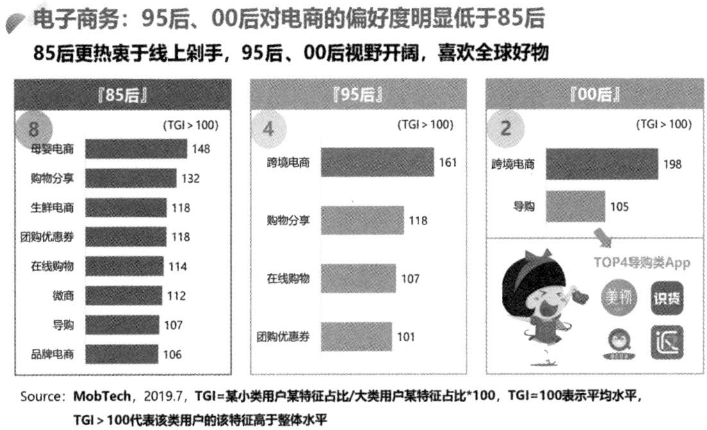

数据来源：Mob研究院

图4–3

Mob研究院的调查显示，85后的消费者热衷于通过母婴店商、生鲜电商、微商等在网上买东西。这些主要都是“全国级中心”。他们已经不怎么在“城市级中心”买东西了。

但是，真正让我惊讶的不是这个，而是95后和00后最喜欢的购物场景，居然是跨境电商！也就是说，95后和00后中很多人已经不怎么在国内买东西了，他们开始足不出户地在全球采买商品。

我2000年第一次去美国，当时有很多小伙伴托我买微软鼠标带回来，好用。

后来，大家托我带商场专柜的化妆品。每次去到专柜，服务员直接跟我说：Give me the list（给我那张清单）。美国的化妆品专柜服务员已经知道，一个男生跑来东张西望，一定是帮人代购的。

再后来，去奥特莱斯买衣服、鞋子、箱包；再之后，去Costco（开市客）买鱼油、褪黑素、钙片。每次回国都会人肉带很多东西，大多是帮朋友买的。为什么？出趟国不容易。

而现在95后、00后（也就是20~25岁）的小朋友们，躺在自家的沙发上，就能完成这一切。

在互联网（信息流）、支付手段（资金流）和跨境运输（物流）的帮助下，全球几十亿人正在逐渐聚向同一个地方买东西，比如亚马逊。亚马逊正在成为一个全球级中心。

当然，阿里巴巴绝不会放弃成为全球级中心的机会。

2013年，我有机会和马云一起吃饭。那年，阿里巴巴刚刚成立菜鸟网络。马云要做的，是让中国任何城市之间的电商快递24小时之内必达，全球范围内72小时必达。我想，我能够理解他的野心。阿里巴巴的目标，不是安居全国级中心，而是成为全球级中心。

一个全球级中心的确立，可能又是以死掉上百个全国级中心为前提的。商业世界，正在继续从更加集中走向更更更集中，正在从全国级中心走向全球级中心。

从小区级中心，到城市级中心，到全国级中心，到全球级中心，这是一场蓄势已久、喷薄而出的火山爆发。你所看到的一切惊心动魄的恢宏叙事，其实都是这个“中心化”的喷发过程。冷却下来后，你会看到一座座高耸入云的山峰。

希望其中有一座是你。

第二节　中心型商业，解决信息不对称的方法

商业世界从线段型商业进化到中心型商业，是一次伟大的飞跃。

中心型商业的网络密度更高，原本那些没有接入交易网络的、自给自足的生产和消费单元，可以连接到全国乃至世界的交易网络中了。原本那些游离于主干交易链条之外的，仅围绕着当地集市展开的交易簇，也融合进了外部更广阔的交易网络中。

在这些交易中，中心型商业文明是如何解决商业世界的两股永恒的摩擦力：信息不对称和信用不传递，从而降低交易成本的呢？

我们先从信息不对称讲起。

很多过去用来制造“信息不对称”的方法，在越来越集中的超级节点时代，自然而然就无效了。比如一些以信息不对称为基础而设计的“价格歧视”策略。

你家住许昌，想买一辆汽车代步。刚要买，心想先问问朋友吧。朋友告诉你，这辆车在郑州要便宜6 000元钱。你一查真是，那就在郑州买好，开回许昌呗。结果到了郑州后，4S店告诉你：郑州的车，只卖给有郑州居住证的消费者。

为什么？为了保护当地经销商利益，否则许昌的4S店就不干了。

整车厂商通过控制跨区购买，平衡对4S店的管理。甚至有些商品（比如鞋子、服饰）在各个城市价格不同，仅仅是想让出得起高价的人多付钱。

这件事在互联网上，在全国级中心的时代，已经完全不可行。我在网上买一辆特斯拉，你管我是哪个城市的。你还能根据我在哪个城市上的网，就给我报不同的价？这已经无法实现了。

还记得卖给我羽绒服的那个老阿姨吗？她和我的讨价还价，本质上也是“价格歧视”，根据对每个消费者消费能力和消费意愿的判断，报不同的价钱。

你心里也知道，同一件衣服，每个人买到的价格是不一样的。到底有多不一样呢？你很难知道，你甚至也不想知道，知道了难受。这就是价格歧视。

2000年左右，著名的亚马逊公司试图把“根据对每个消费者消费能力和消费意愿的判断，报不同的价钱”的逻辑，搬到互联网上。

亚马逊根据潜在客户的人口统计资料、在亚马逊的购物历史、上网行为以及上网使用的软件系统，确定对68种碟片的报价水平。比如，一张《泰特斯》（*Titus*）的DVD（高密度数字视频光盘），亚马逊对新顾客的报价为22.74美元，而对那些对该碟片表现出兴趣的老顾客的报价，则为26.24美元。

你看，这跟卖给我羽绒服的老阿姨，是不是一样的？

但是，亚马逊遭遇的反抗，和这位老阿姨完全不一样。关于羽绒服，人们不骂老阿姨，只骂自己讨价还价能力不强。但是，关于DVD，人们用极其不淡定的方式，在网上对亚马逊进行讨伐，把亚马逊“骂出了天际”。最后，亚马逊创始人贝佐斯亲自出来道歉。

为什么？因为在中心型商业之下，尤其是互联网带来的全国级中心型商业之下，信息已经太对称了。所有事情都是放在眼皮子底下交易的。我买贵了，你买便宜了，立刻全网皆知，群情激愤。“价格歧视”越来越不可行。很多过去非常有效的商业方法论，都被现实打得头破血流、满地找牙。

2013年，我离开微软，创立润米咨询，帮助传统企业向互联网时代转型。同时，我也接受一些中介机构的邀请，去给一些公司讲课。当时，有家中介机构给我提了一个非常“奇怪”的要求，不允许带名片，不允许和客户交换联系方式。然后，这家中介机构会自己准备一套名片，上面是我的名字和他们的联系方式。

我还听说过更夸张的。我有一个朋友去任何地方讲课，都是不留真名的。中介机构不让他留真名，电话自然更不会留，这意味着他离开这个地方，学员就再也联系不到他了，除非通过中介机构。

为什么会发生这种事情？因为在线段型商业中，这家中介机构就是唯一的“交易节点”。断绝你们直连的可能性，它就可以不断收获交易价值。

但是，这些在今天是无法想象的。别人只要上网一搜，就能找到我的微信公众号、微博、今日头条、抖音的账号。也就是说，除了这家中介机构之外，客户还有100种方法联系到我。

因为连接数量众多，我本身就是一个“超级节点”，不附着于任何一个线段型商业的交易节点。

超级节点，就是战胜信息不对称这条“恶龙”的机关枪。

那些依然活在线段型商业时代，打算依靠信息不对称赚钱的机构，确实要睁开眼睛，看看时代的变化了。我们只有看到这些变化，理解这些变化的底层逻辑，才能从底层逻辑上生长出新的方法论，而不是抱着过去的成功经验不放。

那么，在中心型商业时代，哪些信息不对称问题被高效解决了呢？

搜索引擎：信息的超级节点，解决人与信息之间的不对称

1995年11月8日，一家很多人从来没有听说过的酒厂，以6 666万元的价格，成为中央电视台广告“标王”（包括《新闻联播》后的广告权）。这家酒厂的名字叫“秦池”。

秦池是山东一家不算有名的酒厂，1995年的年销量9 140吨，收入1.8亿元，利税3 000万元。而这一年，五粮液的收入已经超过10亿元了。

一年3 000万元的利润，却花了6 666万元投央视的广告，这听上去是一个非常疯狂的行为。6 666万元，这意味着，第二年，也就是1996年，秦池的收入必须超过3.6亿元，才能避免巨额亏损。

如果是你，你敢投这个标王吗？不管是反复计算后的决定，

还是一拍大腿的一时之勇，秦池拍出了6 666万元。

结果第二年，秦池的收入暴涨到9亿元左右。全国性渠道、品牌知名度，都获得了巨大的提升。既挣了面子，又挣了里子。

打个广告，居然有这么大的效果！是的。秦池之所以大获全胜，是因为央视这个“超级节点”的巨大能量。

央视的一边连接着上亿人，它把这上亿人的连接捆成一把绳索，交到一个人手上。然后，你把自己公司的信息，顺着这捆绳索，瞬间同步给另外一头的所有消费者。这股力量，实在是难以想象。

多年之后，“超级节点”的力量再次被验证。

2018年，得到App的创始人罗振宇，说自己“福至心灵，脑子一热”，不知道哪来的勇气，想在春晚上打个广告。就数了数身价，去找央视领导了。央视领导把他劝退了，理由是：我们对互联网公司有个门槛，就是你的产品日活至少要过亿。不然，那天你扛不住。

这就一点办法都没有了。

后来结果出来了，阿里巴巴拿到了那年的广告权。服气，大公司，“双11”都经历过，日活早就过亿，没问题。但即便这样，阿里巴巴也没敢掉以轻心，以高于“双11”3倍的标准，扩容了服务器。

结果怎样？淘宝也崩了。据统计，春晚当晚的峰值超过了“双11”的15倍。

这就是超级节点解决“信息不对称”的难以想象的力量。

善用这个超级节点的，不仅有秦池，不仅有阿里巴巴，还有一整个行业。

福建有个小城市叫晋江，小到和泉州共用机场。但是，晋江却是研究中国商业不能忽视的重镇，因为这个地方被称为“品牌之都”。

为什么？你感受一下，下面这些牌子，有没有听过的？

服装类：柒牌、劲霸、威鹿、七匹狼、利郎、九牧王、爱都、浩沙、罗日雅、七彩狐、东方骆驼、大赢家、玛莱特、拼牌、红孩儿、金豪雀、雷马、卡宾……

运动类：安踏、匹克、鸿星尔克、德尔惠、361度、特步、爱乐、金莱克、贵人鸟、名乐、乔丹、康踏、露友、寰球(亚礼得)、美克、CBA雷速、喜得龙、奈步、金苹果、恩东、步之霸、奇安达、飞克、啄木鸟、名足、喜得狼、爱司旗、帝星、助乐、名志、福时来、龙之步、锷来特、恩东……

生活类：安尔乐、心相印、七度空间……

食品类：金冠、雅客、蜡笔小新、福马、喜多多、盼盼、林锦记、亲亲、品客……

就算你不怎么买东西，也至少听过10个以上，比如安踏、七匹狼、九牧王。

但是，一个小城市，怎么会冒出这么多品牌呢？

当然，这是因为它们的努力，它们的企业家精神。但同时还有一个重要的原因，它们善用央视这个“超级节点”，非常擅长在中央电视台打广告，把信息对称给另外一头的上亿用户。尤其是运动类品牌，央视五套体育频道，大量广告都来自福建晋江的运动品牌，甚至有业内人士戏称央视五套为“晋江台”。

然后呢？这些运动品牌拼命在线下开店，几千家门店，把从央视获得的关注沉淀到线下的交易节点。他们成功的小逻辑各不相同，大逻辑都是如此相似。央视这个超级节点，用你难以想象的力量，解决了中心型商业世界的“信息不对称”问题。

但是，2013年，央视这个看上去无敌的“超级节点”，被一家互联网公司“打败”了。2013年，央视全年的广告收入不到280亿元，但是这家互联网公司的广告收入达 319亿元。这家公司就是百度。

百度的口号是“连接人和信息”。但是，百度连接信息的方式，和央视有什么区别呢?

央视是一个“一对多”的超级节点，一个品牌面对无数消费者，完成信息对称。（见图4-4）

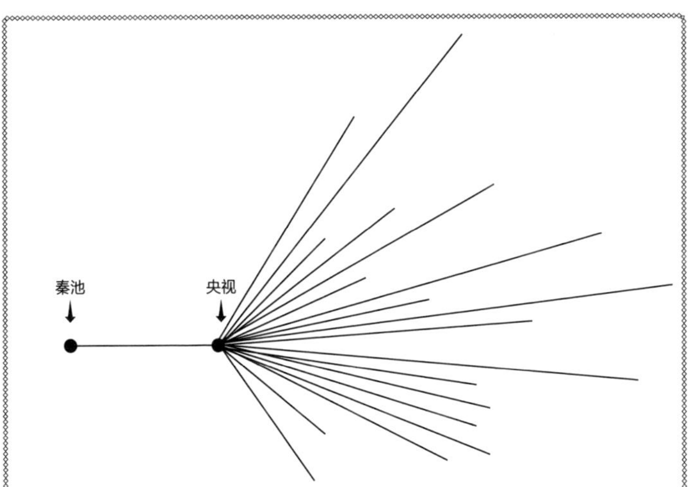

图4-4

而百度，是一个“多对多”的超级节点，无数品牌面对无数消费者，完成信息对称。（见图4-5）

这个超级节点，有多超级呢？

它一边连接着几十亿的网页（也就是信息），另外一边连接几亿的用户，让大家可以在零点零几秒内，找到自己想要的信息。

更重要的是，用户的每一次搜索，每一次输入的关键字，背后都隐藏着自己的需求。搜“最新款手机”，可能是上一款手机摔坏了；搜“怎么做蛋糕”，大概率最近会买烤箱。

这就有意思了。既然需求就写在“超级节点”上，那么，品牌商能不能不通过央视，直接在百度上，向有需求的用户推广产品呢？

这就是“上下文相关广告”，也就是与内容匹配的网络广告。它成为“信息超级节点”这个商业模式的盈利点。

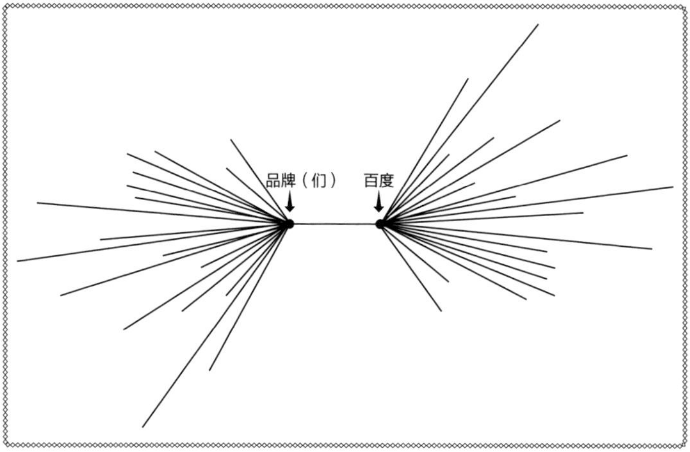

图4-5

这种多对多的“超级节点”，让信息匹配更加高效，品牌商只用按需付费。大量的中小品牌，把广告的预算从电视（甚至央视）转移到了互联网（尤其是百度）。

百度开始成为匹配人和信息，消灭信息不对称的“超级节点”。

虽然很多人对百度很有看法，但是百度的存在，或者说一个大规模搜索引擎的存在，客观上大大减小了信息不对称。你不懂什么叫“波粒二象性”，立刻百度一下。你听说华为推出新产品了，是什么？立刻百度一下。把东北大米弄到上海，就卖我20元一斤？成本到底多少钱？立刻百度一下。

虽然这个世界仍然有谣言，但是有独立判断力的人，利用海量信息破解谣言的能力越来越强，速度越来越快。

这就是百度（或者谷歌）这种超级节点，解决人与信息之间不对称的方法。今天，百度一年的营收，大约是700多亿元人民币。而发明上下文相关广告的谷歌，一年的广告收入，已达1 000亿美元。

电商平台：商品的超级节点，解决人与商品之间的信息不对称

还记得在线段型商业中，我的绝杀“货比三家”吗？

老阿姨卖给我的羽绒服是600元，旁边那家400元，另外一家700元，然后，我在第二家店花400元买下了同款羽绒服。这就是“货比三家”。

但是，你是否曾经也有一丝丝觉得，“货比三家”是多么奇

怪的一个行为啊！这个世界上为什么会有“货比三家”这件事情存在？

我开车去买羽绒服，车停在红绿灯路口。那里有一个巨大的指示牌，显示A商场、B商场、C商场分别有多少停车位。但是现在科技进步了，它不显示停车位了。它拍了一下我的车牌，知道我是谁，接着分析了一下我的社交网络数据，发现我想买一件羽绒服。然后指示牌上显示：你要买的这件羽绒服，在A商场600元，B商场400元，C商场700元。

这时候我会怎么办？当然是直接把车开到B商场，买那件400元的走人。

为什么一个商圈的三家商场，同一种商品的价格会不一样？因为信息不对称，就赌你不一定会跑第二家。有了这个指示牌，就不一样了。你可能会想，不会吧？真要是有了这个指示牌，那还怎么做生意啊！不可能真有吧？

其实现在这块“指示牌”已经有了。

你在天猫买东西，搜某品牌、某型号的羽绒服，出来几十家都在卖。可能有人并不相信淘宝上的卖家，那么假设你相对比较信任天猫，天猫上的卖家大部分是正规的经销商，你相信它们卖的是正品。

然后呢？你点一个按钮：按价格排序。所有卖这款商品的商家，都整齐地排列在你面前。你看，这是不是就是交通路口的那块指示牌？这时候，如果你真的相信它们是正品，直接在第一家买完走人。

阿里巴巴用超级节点的方式，进一步减小了（至少）价格的信息不对称。

很多人说，阿里巴巴在吸血，京东在吸血，拼多多在吸血。但是，它们吸走的并不是血，而是在中心型商业时代，继续依靠信息不对称赚钱的妄念。

现在，很多线下商家已经开始从恐惧、愤怒，转为习惯、改变。

原来人们进商场，掏出手机时，很多卖家会说：网上都是假的，我们是真的。他们依然试图用信息不对称阻挡中心型商业的到来。今天，他们会说：没事，你比比，我们和天猫一个价。

这就是商业文明的进步。

但是，解决价格的信息不对称，只是解决人和商品信息不对称的第一步。

我在《互联网+战略版：传统企业，互联网在踢门》一书里讲过，消费者所有的决策都是基于信息。我们能在单位时间内同步的信息量越大，可以销售的东西就越多。

最早在网上能卖什么？书。

亚马逊、当当，都是卖书起家。为什么？因为做出买书的决策非常简单，知道一本书的书名、作者、目录、内容简介，以及价格，就可以买了。这些都是文字信息，信息量很小。

后来网速快了，可以传图片了。这时候可以卖什么？衣服。一个穿衣服漂亮的女孩，随便套一件衣服都能卖出去。图片在单位时间内传播的信息量，远大于文字。慵懒的气质，宽松的剪裁，后现代的图案，用文字是讲不清楚的，但图片可以。

文字、图片之后呢？是短视频，比如抖音、快手。

2019年底，我参加抖音主办的一次活动，主持一个论坛。

“顾家家居”的一位新媒体负责人上台分享了他们和抖音的一次合作。那次合作，促成了大约23亿元的销售额，其中7亿元在线上完成。这7亿元中，平均客单价6 000元，最高的一单超过7万元。

你想想，以前看一段文字，能直接下单7万元买家具吗？看图片呢？很难。这样高单价的复杂商品，你可能还是想去现场试一试。但是，现在短视频提供翻来覆去的讲解，很多人的心理防线一下子就被打破了。

文字对称的信息量，可以用来买书，几十元；图片对称的信息量，可以用来买衣服，几百元；短视频对称的信息量，可以用来买家具，几千元。

信息越对称，生意越好做。这就是“让天下没有难做的生意”。

顺势而为的企业家，总是在想如何通过消灭信息不对称赚钱；因循守旧的企业家，总是在想如何回到过去的信息不对称时代赚钱。

即时通信：人的超级节点，解决人与人之间的信息不对称

搜索引擎解决了人与信息的不对称，电商平台解决了人与商品的信息不对称，那么，人与人之间的信息不对称呢？

过去如果有个朋友A想托你介绍认识一下你的另一位朋友B，你怎么做？

你可能会说：没问题，小事一桩。这样吧，我约一下时间，这周五下班后正好我有时间，我攒个局，叫上你们俩一起来吧？

他非常感激，你也很高兴。那天晚上，你们相谈甚欢。

但是今天，有个朋友A想托你介绍认识一下你的另一位朋友B，你怎么做？

你可能会说：稍等啊，我拉个群。然后在群里说：两个都是我好朋友，你们自己“勾兑”啊，我先去忙了。

你连接两个人的效率大大增加，即便其中一个朋友正好在国外，而另一个朋友还在海南休假。

为什么？因为微信这个每月活跃用户数超过11亿的超级节点，几乎把你身边所有人都连接了进来。

这就是“中心型商业”的力量。

有一次，一位创业的朋友来找我，请我出出主意。她的产品很适合在小米的平台销售。于是，她的一位朋友就帮忙去对接了。对接完告诉她，这事成功的可能性很大，小米也很期待。但是，如果要他继续帮忙往下推进对接的话，需要给他一些股份。

我这位朋友问我，她非常期待和小米的合作，这些股份值不值得给中间人呢。我当时就震惊了，都什么时代了，居然还有人用“人与人的信息不对称”换股份！

我说，如果你需要，我马上就拉个群，介绍你认识小米那个部门的负责人。我不要股份。对你有利，对小米也有利，为什么不做呢？而且，你们合作成功，对我也没有损失，我几乎没有付出一分钟的时间，凭什么要你股份？我只有高兴的份啊！

在11亿人都连在一个超级节点上的时候，靠“我认识谁，而你不认识”来赚钱，已经越来越不可行了。

中心型商业文明，之所以让一些人激动万分，而让另一些人如临大敌，就是因为它有8 000种办法，利用其超级节点的优势，减小甚至消除传统商人赖以生存的信息不对称，从而降低交易成本。

美团的成功，是因为把自己做成了超级节点，减小了餐厅和食客之间的信息不对称，降低了交易成本。

滴滴的成功，是因为把自己做成了超级节点，减小了司机和乘客之间的信息不对称，降低了交易成本。

58同城的成功，是因为把自己做成了超级节点，减小了雇主和临时工之间的信息不对称，降低了交易成本。

数不胜数。

被互联网加速了的“中心型商业文明”，就是一场消灭信息不对称的狂欢。

第三节 中心型商业，解决信用不传递的方法

中心型商业如何解决信用不传递，也就是交易双方彼此不信任的问题呢？

现在我们回过头来，再看一遍“中心型商业文明图”（见第三章图3-4）。

因为网络密度的提高，交易结构中开始出现“超级节点”。这个超级节点（比如百度、阿里巴巴、腾讯、美团、滴滴、58同城）可以消除“信息不对称”，能不能消除“信用不传递”呢？

举个例子。

在线段型商业中，我们讲过乡绅和黑市中间人。他们的角色是信用中介，把自己的信用出借给交易的乙方或者双方，促成交易。但是乡绅和黑市中间人的存在，其实都有个前提，就是他们和交易双方都很熟。

我认识出去打工的A，也认识把钱借给他的B。我熟知他们俩，他们俩也信任我。黑市中间人也一样，我对这个神偷知根知底，跟那个富商也多次合作。我熟知他们俩，他们俩也信任我。

但是，这就带来一个问题：乡绅和黑市中间人，他们所能熟知的人，在客观上非常有限。

著名的“邓巴数”定律说，一个人能维护紧密关系的人数，很难超过150人。那么，超过150人，也就是超过了一个乡绅或者黑市中间人的“信用半径”，他们的信用中介作用就很小了。

现在到了中心型商业时代，超级节点连接的人数可能有几千、几万，甚至几亿，这远远超出了乡绅和黑市中间人的信用半径，他们无法促成这样大规模的交易。

那怎么办？

这时候就出现了“第三方的、中心化的信用中介”，比如银行、保险、证券公司。

银行：借款人与贷款人之间的信用中介

我们先从银行开始讲起。

本书的重点不是货币银行学，所以，我们会从“中心型商业文明”的切角，解构一下银行这种“第三方的、中心化的信用中介”是如何起到消除“信用不传递”的作用的。

回到那个出外打工的A向家乡的B借钱的案例。

“A向B借钱”这件事情，解构下来，其实有两个动作，你意识到了没有？

第一，A要这笔钱，这叫“借”；

第二，B给这笔钱，这叫“贷”。

在这个案例中，借和贷是同时发生的。见证他们借贷发生的，是一张借条。这张借条，就是“A承诺，B信任”的见证。

后来，这张基于“A承诺，B信任”的借条，因为A无法守约而失去了价值。他们只好去找信用度更高的乡绅，最终在他（而不是借条）的见证下，完成了交易。

能不能在最开始的时候，就如同把物物交换拆分为“买”和“卖”两件事一样，把“借贷”这件事，拆分为“借”和“贷”两件事呢?

B把钱“贷”给一个中间人，然后A再从中间人手上把钱“借”走。这样的话，A和B之间就不需要有信任关系，甚至压根就不需要认识。他们只要跟这个中间人有信任关系就好了。

A和B需不需要分别“熟识”这个中间人呢?

如果中间人有一套办法，搞清楚是不是应该信任一个陌生人，并且也能让陌生人信任自己，那么这个中间人也压根不需要认识A或者B。也就是说，A、中间人、B三个人之间，根本不需要“天然信任”，就可以完成“信用传递”，促成交易。这个中间人，就成为“第三方的、中心化的信用中介”。

这就是银行。

1609年，世界上第一家现代意义上的商业银行，成立于荷兰阿姆斯特丹。

B把钱存进银行，就是决定把钱贷出去。B不知道谁需要钱（信息不对称），也不知道该相信谁（信用不传递），那就存进银行吧，反正我相信银行。

A向银行借钱。银行也不知道你是谁，但是会用一套流程来给你的信用画像。你家有没有房子可以抵押？你有没有一份收入稳定的工作？把你们家的水电账单给我看看？等等。再查查你的个人征信记录。如果都通过了，银行会决定相信你。

银行把借贷拆开，就和商人把买卖拆开一样，解决了几个资金交易的偶然性：

> 我想要借钱的空间附近，正好有人有钱想贷；
>
> 我想要借钱的时间附近，正好他的钱可以动；
>
> 而且，他还正好愿意信任我。

这样，银行就通过一套大规模信任和取信的方法，成为理论上无限量需要钱的人和有钱的人之间的信用中介，生生把自己做成了一个“信用的超级节点”。

有了银行这个“信用的超级节点”作为社会信用的基础设施，来解决“信用不传递”的问题，中心型商业才最终得以爆发式增长，而没有遇到信用问题的制约。

也因此，一些银行作为资金的超级节点、交易中心，获取了巨额的财富。

保险：陌生人同质风险分担的信用中介

这种“第三方的、中心化的信用中介”的另一个典型代表，就是保险。

小王从小在乡村长大，家里很穷，省吃俭用过生活。终于到了结婚的年龄，好不容易娶了同村的小艾。家里非常高兴，想摆30桌酒席庆祝，请全村人都来喝喜酒。可是，家里没钱，怎么办？

凑份子。每家人来喝喜酒，都会给小王和小艾包个红包凑份子。

过段时间，小艾的好朋友小晴也要结婚了，也想请全村人吃饭，也摆了30桌酒席，也没钱。怎么办？全村每家人去喝喜酒，也会给小晴包个红包凑份子。

这个包红包凑份子的行为，本质是什么？

就是保险。你甚至可以给它起个名字，比如叫“婚礼险”。“一不小心”结婚了，大家都来帮帮我，江湖救急。下次我也会帮你救急的。

保险的本质是：同质风险分担。

怎么理解这句话？我们先来看看什么是风险。

风险可分为几类：（见图4-6）

第一类风险：发生的概率特别小，产生的影响也特别小。比如说明天有10%的概率下小雨。面对这类风险的处理方式，只需要“承受”就好了。

第二类风险：发生的概率特别大，一旦发生，产生的影响也特别大。比如大地震之后紧接下来发生的余震。对于这种风险，就要尽可能地规避、逃离。

第三类风险：发生的概率特别大，但发生之后没什么大影响。比如明天有90%的概率下雨，那么带把伞就能避免被淋湿。这种风险处理方式叫“减轻”。

第四类风险：发生概率特别小，但发生之后的影响非常大。比如癌症，得癌症的概率很小，但患癌之后的影响就太大了。再比如航空意外，也是概率小、危害大。这类风险的应对方式，就是“转嫁”。

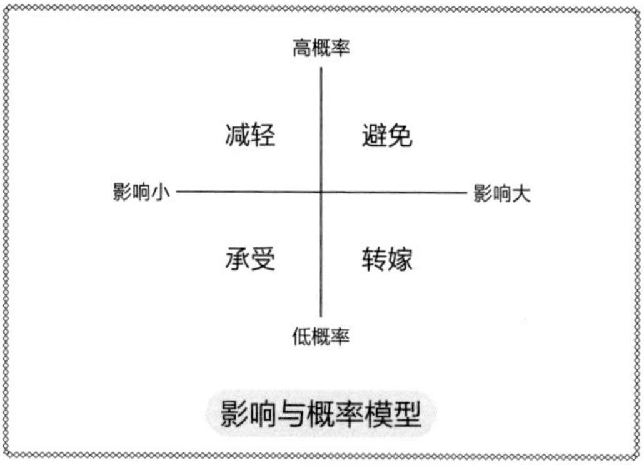

图4-6

结婚，就是一种典型的“低概率”（你一辈子结几次婚？），但是一旦发生就“影响大”（要摆30桌酒席）的事情。怎么办？通过“同质风险分担”的方式“转嫁”。

什么叫“同质”？你们家也有孩子吧？他们早晚要结婚吧？我们的“风险”是“同质”的，互相帮忙吧。

这就是同质风险分担，这就是保险。

你的公司同事结婚请你去，你会包红包，你隔壁公司的人结婚，不知道为什么也请你去，你会去吗？你会给他包红包吗？

估计多半不会去。为什么？因为你不知道，万一有一天你结婚了，他会不会也给你包红包。如果他不给，你不就“亏”了吗？你们俩之间，没有“天然信任”。

所以，“凑份子、包红包”这件事，虽然是很有效的民间

"保险"，但是只能在熟人之间操作，无法用于大规模协作。

比如癌症。你号召你的邻居说，从今天开始，我们每个人都往存钱罐里存20元，谁家有人得了癌症，这些钱都归他。你猜，会有人理你吗？

天然信用，只能用于解决熟人之间的小问题。

那怎么办？

这时候，有一家机构站出来了，说：我是保险公司，大家相信我，我有国家发的牌照，是受中国银行保险监督管理委员会监管的，我还交了一笔钱给银保监会，是跑不了的。现在我设计了一套方案，只要你们每人交给我一点点钱，一旦患了癌症，我就赔给你一大笔钱。可能很快就有100万人交了保险费，也就是购买了这家保险公司的方案。

你可能知道，真的不幸的癌症患者，他得到的赔付，其实是从另外99.999 9万人的口袋里掏出来的。但是，这100万人需要彼此认识、彼此之间有"天然信任"吗？他们需要担心其他人不守信用吗？不需要。

因为这时候，保险公司承担了"第三方的、中心化的信用中介"职能。保险公司作为一个超级节点的存在，把"投保"和"理赔"两个行为拆开，成为一个中间人，为中心型商业时代需要大规模陌生人参与的风险管理，提供了基础设施。

当然，一些保险公司作为风险的超级节点、交易中心，也获得了巨额的财富。

证券：股东与经理人之间的信用中介

银行是资金的交易中心，保险是风险的交易中心。那么证券公司呢？

证券公司就是权益的交易中心。

1609年，世界上第一家证券交易所在荷兰阿姆斯特丹成立。

还是荷兰。为什么？因为荷兰很早就是一个通过海洋进行全球贸易的国家，一度被称为“海上马车夫”。阿姆斯特丹就是当时全球最重要的贸易中心。要成为“交易中心”，阿姆斯特丹必须解决“信用不传递”的问题。所以，荷兰人一口气发明了银行、股票和证券交易所。

1602年成立的荷兰东印度公司，是世界上第一家发行股票的公司。一家公司的管理者有能力，但是没钱；一些有钱的人想开公司，但是不会管理。怎么办？

通过“股票”的方式，拆分“经营权”和“所有权”。这句话是不是很熟？改革开放后，人们没少听这句话，但这是荷兰人在400多年前发明的。

可是，经营权和所有权分离后，股东和经理彼此不信任，甚至彼此不认识，没有天然信任，股东总是担心经理贪污自己的钱，经理总是觉得股东不懂装懂瞎指挥，怎么办呢？

1609年，荷兰人成立证券交易所，并开始制定、完善一系列的“上市规则”。今天的证券交易所，已经有非常详尽的信用机制了。比如，禁止内幕交易，每季度披露相关信息，以及相关的法律法规等。

有了这些之后，股东（或者说股民）其实完全不用认识，也不用“信任”某家上市公司的经营者，就可以用钱买这家公司的股票，只要他相信这个证券交易所。

股票，是股东的权益凭证。证券交易所和与之伴生的证券公司，因此就成为“第三方的、中心化的信用中介”，成为权益的超级节点、交易中心。

资金、风险、权益，都是信用的外衣。在中心型商业时代，我们要感谢这些机构，也就是统称的金融体系，在以超级节点的形态，解决“信用不传递”问题，降低交易成本。

银行是资金的超级节点，保险是风险的超级节点，证券交易所和证券公司是权益的超级节点。

金融永不眠。

为什么？因为中心型商业时代，商业世界的侏罗纪时代，实在是太精彩。

但是，中心型商业文明，会是商业文明的终极形态吗？

恐怕不是。

第五章

去中心型商业，合久必分的趋势

第一节　什么是去中心型商业

你能看到什么样的历史，就能看到什么样的未来。

如果你认为人类历史是一部王侯将相史，权力斗争、朝代更迭，那你就会用军事力量的对峙和国家力量的均衡的视角，预测未来。

如果你认为人类历史是一部科技进步史，科学探索、发明创造，那你就会用科技想要什么、我们能做什么的视角，预测未来。

如果你认为人类历史是一部基因进化史，物竞天择、适者生存，那你就会用多巴胺、内啡肽、催产素对人的控制机制，预测未来。

我们已经回答了本书的第三个问题：商业从哪里来？

商业一路走来的路径是：

商业原始社会→小农经济→线段型商业文明→中心型商业文明

那么，商业到哪里去？

如果你和我一样，看到的商业文明的进化史，是一部交易结构“节点连接不断增多，网络密度不断增大”的历史，就一定也会和我一样，扒着门缝看向未来，好奇地问：

当交易结构中继续出现更多的连接，继续体现更高的密度，这时候，商业的未来到底会向哪里去？中心之后，是更中心吗？

不是。

为什么？天下大势，分久必合，合久必分。一句话总结：

网络密度增加，会带来超级节点；网络密度的进一步增加，会消灭超级节点。

当一个超级节点出现后，如果商业的进化突然停止了，不再有新的连接出现，那么这个超级节点将永远是超级节点。大部分交易，都必须通过它。它就是整个网络的交易中心，商业世界的无冕之王。

没错，超级节点就是“君王”。

它们通过掌控交易的方式，掌握权力。这份权力，赋予了它们定价权，甚至赋予它们生杀予夺的权力。在这份很难他律的权力下，如果缺乏自律，就会出现各种潜在的道德风险，甚至霸凌商业世界的风险。

这就是我们常说的“店大欺客”。

科技依然在进步，连接依然在增加。A和B本来都要通过超级节点C才能达成交易，可随着科技的进步（比如虚拟现实眼镜、万物互联等），A和B之间突然多了一条“信息更对称、信用更传递”的连接。这时，A和B就可以不需要通过C，而进行低交易成本的直连。超级节点C的价值，开始下降。

我们再来看看“去中心型商业文明图”（见第三章图3-5）：

当新科技带来的“信息更对称、信用更传递”的直连越来越多时，越来越多独立于超级节点的局部副中心开始出现。它们可能依然取代不了超级节点，但却逐渐蚕食本来依附于超级节点的交易。

副中心越来越多，超级节点越来越不重要的过程，就是“去中心化”——这是在回答本书的第四个问题“商业到哪里去”之前，我们必须深刻理解的概念。

我先邀请一位“嘉宾”给你讲讲它和它家族的故事。我相信，从它的分享中，你一定能体会“去中心化”是如何“一路走来”。而从它的家族史中，你也许也能看到未来的商业史。

这位嘉宾，就是这几年火遍全球的：区块链。

区块链和去中心化家族

大家好！我就是传说中的“区块链”本人，非常高兴受到邀请，来与大家分享关于我自己和我的家族的故事。

首先非常感谢大家对我个人的极大关注。在过去几年，我能深深感受到大家的热情。但是今天的我，承载了太多本该属于我整个家族的荣耀。

我有一个非常伟大的家族，家族里的每个成员，我的父母、哥哥、姐姐和新出生的弟弟，他们都非常了不起。所以今天请允许我隆重地介绍一下我的家族成员。（见图5-1）

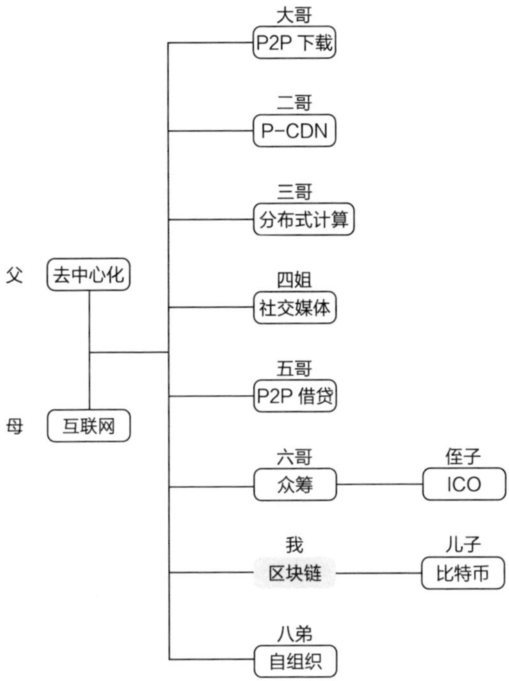

图5-1

父亲：去中心化

首先是我的父亲。他是一个著名的哲学家。我父亲出生在人类的一个虚拟世界里，是生活在人类大脑中的一个信仰。他的英文名叫作Decentralization。他也给自己取了个时髦的中文名，叫“去中心化”。但在互联网上，人们习惯叫他P2P（对等网络）。

我父亲在人类出现的时候就已经存在，他是去掉中心，实现人与人之间直接沟通、交易、传播的一种方式的信仰。他相信总有一天，人们可能不再需要中心化的机构。在人类几十万年的历史中，父亲一直都在寻找一位能实现他去中心化的哲学理想，并且他真正爱的人。

我父亲曾经爱慕过宗教，比如基督教。基督教原本是以教会为核心的，自从他爱上基督教之后，每个人都可以直接跟上帝发生关联，而不一定要通过教会。后来他发现这还不彻底，于是又喜欢上了去中心化的政治，从此每个人都能发表自己的见解，民主制度随之产生。

后来他又喜欢过各种各样的人，但直到我母亲的出现，他才意识到什么是真爱。

母亲：互联网

我的母亲，就是互联网。

互联网是一个没有理论中心的网络结构。每一个点，从本质上来说，在整个互联网中都是同等重要的存在。所以我的父亲在遇到母亲之后，就彻底疯狂地爱上了她。他们俩结合在一起，组成了家庭，并生下了延续父亲去中心化基因，对整个世界产生了巨大影响的八个孩子。我排行老七，前面有六个哥哥姐姐，后面还有一个弟弟，这就是我的家族。下面请允许我为大家一一介绍。

大哥：P2P下载

我大哥叫作P2P下载。P2P是我父亲的姓氏，所以第一个孩子姓P2P，名字叫下载。

大哥是在1999年来到这个世界的，帮他接生的，是互联网界非常著名的一位创业者，名字叫肖恩·范宁（Shawn Fanning）。他1999年创立了一个叫Napster的MP3（音频播放器）音乐分享网站，他也是Facebook（脸书）最早的顾问、投资人和股东之一。

Napster能让大家自由下载MP3文件，但是这个MP3文件并不是放在Napster网站的硬盘上的。如果把整个互联网上的音乐都放在这儿，存储量是非常大的。

于是肖恩做了一件事，将每个人电脑上的MP3文件汇集成一张目录。如果你想下载MP3文件，那么Napster就会找到那些有这个MP3文件的电脑，同时从这些电脑中下载一个个小小的碎片，然后在你的电脑上拼成你需要的MP3文件。所以Napster本身并不拥有MP3文件，它只是帮助那些拥有MP3文件的人互相分享，我们把这个叫作“点对点的分享”。

我大哥的本质是一种硬盘的共享，是把每个人电脑上的一部分硬盘，拿出来与其他人共享。

后来，大哥在中国也有了一个对应的形态，就是迅雷。迅雷就是做P2P下载的，它的逻辑是把电影文件放到不同的电脑上，然后彼此分享，这个模式极大地节省了资源。

我的父母非常高兴，因为大哥为人类带来了很大的改变。当然这也不是一帆风顺的，因为P2P下载对版权保护的冲击很大，美国后来禁止用这种方式来分享MP3文件，Napster也于2002年宣告破产。

但是这个逻辑一直存续了下来。

二哥：CDN

我的父母接着生下了他们第二个孩子，也就是我的二哥——CDN（内容分发网络）。

当时，大家在互联网上看电影，有一个问题。比如你在上海通过视频网站看一部电影，因为电影存储在北京的服务器上，在上海看的话，网速就会很慢，如果在深圳看这部电影，网速会更慢。

怎么办？可以把这部电影放在很多不同地区的服务器上，看电影时找最近的服务器来访问，这就是CDN。

于是，美国和中国的很多电信公司就成了我二哥的“接生婆”，它们把内容放在不同的地方。你在上海看电影，就从离你最近的机房——上海的服务器上看。在北京看电影的人，是在北京服务器上看。这是一种分布式的存储，共享分布式的带宽。

我二哥长大之后，进化成一种叫P-CDN（基于P2P技术的内容分发网络）的形态，就是把我父亲的姓氏P2P放在前面，把每个人家里的电脑都变成CDN。过去我们把内容放在机房，无论在中国还是美国，机房的数量都是有限的。如果能够把每个人家里的带宽都拿出来，这样你看电影时，访问的是你邻居家的电脑，速度是最快的。

P-CDN的本质，是一种网络带宽的对等网络。

关于P-CDN的落地，我们还要感谢帮大哥在中国落地生根的那家公司——迅雷。迅雷很早就开始用P-CDN，它出售给会员一种商品，当年叫“赚钱宝”，后来叫“玩客币”，其实都是让会员用家里面的网络来访问彼此网络带宽的一种设备。

除了迅雷，我们还要感谢电信机房，感谢肖恩，感谢Napster，让大哥分享硬盘、二哥分享网络资源这样的方式能够出生和成长。

三哥：分布式计算

接着我的第三个哥哥出生了，他的名字叫作“分布式计算”。三哥是个科学家，他的出生轰动了全世界。

我三哥在做什么事呢？

过去我们破译一个算法或者密码，会用到一个东西：超级计算机。在机房里有个特别厉害的计算机，它的运算速度比全世界任何一台计算机都要快。这就是中心化的计算。

那什么叫作分布式计算呢？把需要大量计算的工作（比如破译密码，或者计算一个DNA的序列）分解成无数的小块，然后，再扔给全世界一个个小的计算机，比如你家里的个人电脑。

比如，2020年抗击新冠病毒期间，计算机芯片公司英伟达和斯坦福大学联合推出了“Folding@Home”计划，就是把计算新冠病毒蛋白质的计划，拆分成小块，交给全世界的计算机。无数普通人参与了这项“分布式抗击病毒”计划，并做出了贡献。

当全世界几千、几万甚至上百万台个人电脑的CPU（中央处理器）同时计算的时候，计算速度会比一个超级计算机要快。

我的父母特别高兴，因为生下了一个科学家，一些以前人类解决不了的问题，比如需要大量计算的基因学、密码学的问题，在我三哥面前被轻而易举地解决，所以我非常崇拜我的三哥。

各位，我已经给你们介绍了我的三个哥哥：P2P下载、P-CDN和分布式计算。他们各有自己的能力，我的大哥是用来共享硬盘的，二哥是用来共享网络带宽的，三哥是用来共享CPU资源的。我的三个哥哥长大之后，他们互相照顾，互相帮助，联合在一起做了一个联盟，叫作“边缘计算”。

过去我们通过云计算的方式提供资源共享，云计算是我们的一个远房亲戚，就是通过互联网的方式来给大家提供一台巨大的远的云端计算机。

但是我的三个哥哥商量，我们能不能不用云端来提供一个中心化的计算资源，而是把每台计算机的CPU资源、网络资源、硬盘资源都拿出来共享，这样全世界的计算机加在一起，就变成一台虚拟的计算机。

我们把它称为“分布式云计算”，由全网计算机一起提供云计算服务，然后我们来协调大家。三兄弟一商量，就把他们的组合叫作“边缘计算”。

我特别崇拜三个哥哥，相信边缘计算会让我的父母感到荣耀。我祝福他们的“边缘计算”计划能够获得巨大的成功。

四姐：社交媒体

在这之后，我的父母生了我四姐——社交媒体，她是我的父母生下来的第一个女孩，所以他们特别喜欢她。

过去媒体是中心化的，它有可能代表正义，有可能代表一个中立的观点，在全世界范围内，发言权是集中在少数人手上的。我的四姐诞生后，她让每个人都有公平发言的机会，每个人的声音都能被别人听到，整个世界立刻变得非常感性，每个人都能够说出自己有创意、有感情的想法。

谁是把我四姐接生下来的人呢？在美国我们特别要感谢Facebook、Twitter（推特），在中国我们要感谢新浪微博和腾讯，是它们共同把四姐接生下来的。

四姐的出生让我的父母信心大增，是她让每个人的声音都可以被全世界听到，她是互联网世界人人都喜爱的一朵鲜花。

五哥：P2P借贷

我的父母突然想到，能不能在金融领域也生个孩子呢？他们借助一个叫雷纳德·拉普兰奇（Renaud Laplanche）的美国人，把五哥接生下来，给他取名叫P2P借贷。

雷纳德想，一个有钱人，为什么要把钱放在银行？一个人要借钱，为什么一定要去银行借？于是他创立了一家叫Lending Club的公司，帮助我的父母接生了这个孩子。

P2P借贷是什么意思呢？今天我需要钱，但不去银行，而是直接去找有钱人借。

在美国，你今天到银行存钱，活期的储蓄利率是一年0.25%，可是如果去借钱刷信用卡的话，那信用卡的利率一年17%。凭什么把钱存银行是0.25%，把钱取出来就是17%呢，这太没道理了！那还不如去中心化，让大家可以直接把钱借给彼此。

这就是我的五哥P2P借贷，他是一个非常叛逆的孩子。他一直在宣扬人与人之间是可以直接发生借贷的，所以跟传统世界一个特别顽固保守的群体发生了很大的抗争。五哥在全世界做了很多他人觉得风险很大的事情，但也帮助很多人借到了钱。

五哥是我们整个家族里争议最大的一个。但我认为，他今天还处于青少年期，等到他长大了，对风险有了更多认识的时候，我相信他会做得更好。

六哥：众筹

我的父母在金融领域生下我的五哥之后，很快又生下了六哥，他叫众筹，帮他接生的是一个美国的公司，叫作AngelList（天使列表）。

过去我们融资都是去找风险投资，或者上市，这些都是中心化融资的方法。其实机构或者股市的钱也是无数投资人给的，那么一个企业如果需要钱，能不能直接去找这些零散的投资人借呢？也就是让项目和钱在对等网络里直接匹配，不必通过中心化机构。

今天的金融世界是有监管的，因为世界上有很多不合格的投资人，向那些对风险没有识别能力和承受能力的人借钱，会有金融风险。

在中国，向公众筹集资金若超过200人，就涉嫌“非法集资”。能不能在200人之内，找到对风险有识别能力和承受能力的人，帮助他们投资，而不需要通过中间机构呢？人们把这种方式叫作众筹，这就是我的六哥。

与我的五哥相比，六哥显得稍微沉稳一点，可他依然会让全世界觉得头疼，因为还是涉及金融风险。但是他让很多优秀的创业者拿到了投资，让他们能够有机会去改变这个世界。美国打车软件Uber（优步），这家在全世界引起巨大反响的公司，它的第一笔钱，就是从AngelList通过众筹的方式拿到的。

我非常喜欢我的六哥，他在少年时就是一个英才，已经做出了这么伟大的成就。

我，小七：区块链

我是第七个孩子，叫区块链，帮我接生的人叫中本聪。中本聪在2008年发表了一篇论文，标题叫作《基于P2P对等网络的数字现金系统》。

我想跟大家强调两点。

第一个是基于P2P对等网络，P2P就是我的父亲。

第二个叫作数字现金，Digital Cash。Digital Cash和Digital Currency（数字货币）是有很大区别的。Currency是货币，货币不只是现金。而数字现金系统是一个很窄的领域。

什么是现金？纸币、黄金、白银都是现金。所以我是用来做黄金、纸币的，不是做银行账户的。

怎么实现它呢？用我的父亲的基因——点对点技术，把这个记账的能力放在每一台电脑上。

我是一种基于分布式的记账技术，天生有分布式记账的优势，但我身上也有些缺陷，因此不能解决所有问题。

我的缺陷是什么？分布式记账，意味着过去一个银行要记的账本，现在需要存储在全网的每个节点上。而在每台电脑上存储，会造成极大的资源浪费。你们可能没有意识到，但我自己其实深受其苦。

所以我只能在数据量特别小的领域来做分布式记账，数据量特别大的领域我干不了。比如说很多人期待我能做大哥做的事情，也就是把文件在全网分享。但是在全网每个节点都放个副本，需要消耗极大的资源。

分布式记账最大的作用就是去除中间的信任机构。在我的努力之下，一些第三方的信用机构将来可能不再被需要，人类生活的效率将得到提高。

在我出生之后不久，中本聪也帮我接生了一个孩子，所以我是家族里面最早有孩子的。

我儿子：比特币

我的孩子叫作“比特币”，是基于分布式记账技术的一种数字现金。比特币是模拟黄金来发行的，2 100万枚的总量，每4年开采量就会减半。

我的父母特别期待他们的孙子——这个去中心化，在全世界不需要任何中央银行的数字现金体系，能够把全世界的金融体系变得更加透明。

当然，我更希望我的孩子能够健康成长，不要因为大家对他过高的期望，让他很早就陷入自我膨胀，他需要良性的发展。

我侄子：ICO

在我有了孩子之后，我的六哥众筹也生了个儿子。他娶了一个太太叫代币，代币就是比特币的原型，比特币的逻辑。他俩结合，也就是众筹取得代币的逻辑之后，生下了儿子ICO（首次币发行），这是我们整个家族里面的第二个孙子辈小孩。

家家都有本难念的经，我们家族最难念的经，可能就是我的侄子ICO了。

ICO给我们家族和全世界造成了特别大的困扰，因为他在年纪很小，而且没有很好地受过教育的情况下，就出来闯荡社会。他能够在没有任何实际项目执行的情况下，很快融到一大笔比特币、以太币，或者其他代币。

所以我们希望人类能够配合我们的管理，把他介入到人类的监管体系里面来。让他能够在人类监管之下健康成长，学会一些风险管理，让好的项目浮现出来。

我的八弟：DAO

我还有一个弟弟，正在母亲腹中，我们全家都在期待这个弟弟的降临，他的名字叫Decentralized Autonomous Organization，简称DAO，就是“去中心化的组织”，或者叫“自组织”。

过去，人类的组织形态都是有管理者的层级组织。比如一个公司有CEO，再往下是高层、中层，一直到员工。这个组织形态，其实很好用，但是也有问题，就是它的沟通效率很低。

如果能通过我的八弟，让每个组织里面不再有一个所谓的管理层，而是自我沟通，用高效的方式直接连接，就很有可能会提高全人类的组织效率。虽然我们还不知道应该如何教育八弟，但是我们相信他来到人类世界之后，会跟人类世界共同成长。希望八弟也能在家族中起到重要的作用。

以上就是我的整个家族。

今天，我介绍我的家族成员与大家认识（当然我的家族以后可能还会增添新的成员，但我们身上都流淌着共同的血液——去中心化），最大的目的是想让大家知道，并不是每件事情都是我做的，我能做的事情是有限的。希望我的整个家族，能和人类一起创造美好的未来。谢谢大家！

去中心化的别名：P2P对等网络

听完了区块链的分享，你对“去中心化”有没有多了一点感性的认识？

我听下来，大概有这么几点认知：

原来去中心化由来已久，并不是横空出世。

副中心确实开始蚕食本来依附于超级节点的交易。

你甚至开始分不清楚，谁是原来的超级节点，谁是新的副中心。

这个世界，中心化的趋势在减弱，去中心化的趋势在加强。

另外，我有个问题：为什么把“去中心化”叫作“P2P”？是那个骗子P2P吗？

好问题。这里提到的P2P，是那个臭名昭著的骗子P2P吗？

2018年，42天之内，104家P2P网贷接连“爆雷”，上千万受害者被卷入，可以说让人唯恐避之而不及。2019年，P2P网贷倒闭、跑路的消息，依然不绝于耳。

去中心化和这个P2P之间，究竟是什么关系？到底什么是P2P？这确实是非常值得探究，也必须说清楚的问题。

P2P，是英文Peer-to-Peer的缩写。Peer的意思是平级的、平辈的人。P2P的本义，是不需要借助一个更高级的第三方，就可以直接连接、交易。P2P，在学术上又被称为“对等网络”。

迅雷的“P2P对等网络”

还记得前面提到的“P2P下载”迅雷吗？如果你用迅雷下载过电影，可能会知道，你下载的那部电影，其实不是储存在迅雷的服务器上的。

如果迅雷把电影存在自己的服务器上，让一部分用户“上传”，另外一部分用户“下载”，那么，迅雷就是一个比你们都“更高级的第三方”。它在你们的“上面”。

在这种“更高级的第三方”的机制设计下，你们交换文件，必须通过它的硬盘和网络。它的硬盘再大、网络再快，面对海量的用户，也很容易遭遇瓶颈。

迅雷是怎么做的呢?

迅雷维护了一张列表：你们这几百万用户，谁的电脑上有哪部电影。

你现在要下载一部电影，于是电脑自动查了一下这张列表，看看哪些“平级、平辈的人”也有这部电影。哎，不错，30个人的电脑上都有这部电影！于是你的电脑就开始从这30人的电脑上，同时各下载一个电影片段。下载完成后，在你的电脑上拼成一部完整的电影。

这就是迅雷的P2P下载。

你发现没有，在这套机制设计中，你不是到一个“更高级的第三方”去下载电影，而是和“平级、平辈的人”交换电影。你有时候会发现，即便自己没下载电影，电脑也在工作，这多半是一个“平级、平辈的人”正在从你的电脑上交换电影。你们共同从这个对等网络里获取的同时，也共同为这个对等网络贡献。

越多“平级、平辈的人”在这个对等网络中贡献和获取电影，这个对等网络的效率就会越高。这时候，那些买了“巨量硬盘、高速带宽”的中心化下载网站，就变得越来越不重要。

这就是P2P，它的本质是去中心化。

P2P的本质，不是网络借贷，不是网络借贷，不是网络借贷。重要的事情说三遍。网络借贷，只是P2P这个对等网络的基本逻辑在借贷领域的一个应用，而且没被用好。

为什么会出现P2P?为什么会出现对等网络?因为“平级、平辈的人”之间，不断出现高效的直连，而不用依赖于“更高级的第三方”。

我再举个例子。

还记得“凑份子、包红包”的案例吗？这种用“婚礼险”的方式解决“信用不传递”问题的方法，是线段型商业文明的做法，只能在熟人之间解决“同质风险分担”的问题，无法在大规模陌生人之间使用。

那么到了“中心型商业文明”，形成了超级节点之后，如何解决大规模陌生人之间的“同质风险分担”问题呢？用保险公司的逻辑来解决。

我是保险公司，你们不用彼此认识，更不用彼此信任，只要相信我就好了。我的背后是银保监会，是国家。我来设计一套方案，你买了这套方案，万一出问题，我来赔。

这就是保险公司，这就是“第三方的、中心化的信任中介”。

但是，到了“去中心型商业文明”呢？我们可以依靠一个高效直连的、“平级、平辈的人”之间的对等网络，而不是一个“更高级的第三方”，更好地解决“同质风险分担”问题，从而降低交易成本吗？

也许可以。

抗癌公社的“P2P对等网络”

我认识一个朋友，叫张马丁。我认识他，是因为有一次做一个创业大赛的评委。在决赛的十个项目里，我看到他的项目“抗癌公社”后，非常惊喜。我不惜得罪其他九个创始人，在评委表格里写上：

和这个项目比起来，其他九个项目就是儿戏。

为什么？因为他的创业项目就是一个“去中心型商业文明”的完整标本。

现在因为空气、水、食物的问题，癌症发病率上升。怎么办？吃更好的食物。还有呢？买一份大病保险。希望不要生病，但是万一生病了，至少有钱可以救治。除了买保险，还有什么别的办法吗？

张马丁给出了一个答案。

他说，我现在在网上召集3万人，每个人只要承诺，万一我们当中有人得了癌症，愿意给这个不幸的人捐10元，你就是这3万人之一了。这样，万一你得了癌症（最好不要），大家也同样会把钱捐给你。

你看，这就是一个互助的“对等网络”。

但是我有个条件，你们作出承诺之后，要在一年后才能接受捐赠。为什么？因为有很多人太“聪明”了，他们会在得了癌症之后，再承诺帮助别人，这对其他人不公平。同样，保险也有一个观察期。

一年后，大家都通过了观察期。这时候，真的有一个不幸的人得了癌症。那么请他把诊断记录发到网上，供这3万人在有限范围内查看。3万人的数量已经很大了，他们中有些人是医生，看得懂这个记录，甚至有些好心人可能会上门去看望他。

给你们一个月时间，一个月后如果无人提出异议，说明你们认为这个人是真的得了癌症。那么，请你现在直接给这个不幸的人账户里打10元。不要给“抗癌公社”，再少的钱，超过200人捐赠，都有“非法集资”的风险。你们直接把钱打给他，我只是号召了一次捐款。

请问，这时候，如果是你，你会不会给这个不幸的人10元?

我相信大部分人是会的。为什么？首先当然是因为你有爱心。但同时还有一个原因，你希望自己能够持续受到保障。不捐这10元钱，你就会被取消被保障的资格。

你说我忙，我不是不捐，就是忘记了。我再加入可以吗？可以，请再等一年。那前面这一年就白等了。所以，只要你还记得这件事，我相信你一定会捐的。

最终这个不幸的人可以拿到多少钱呢？3万人，每人10元钱，一共30万元。在中国，花30万元能治好的癌症，大约就治好了；治不好的癌症，再多的钱也会比较难治。虽然这30万元不是针对每一个病历的具体数字，但也是经过一定测算的。

然后，30万元拿去治病，这个平台再次进入等待下一个人的阶段。

请问，从金融的角度看，这个平台听上去是什么呢?

没错，就是保险。但是，这个保险没有通过一个“更高级的第三方”，而是在一个对等网络中的互助保险。

这不是又回到了“凑份子、包红包”的逻辑了吗？是的。这就是我们说的，天下大势，分久必合，合久必分。

凑份子、包红包是分散的“同质风险分担”，保险公司是集中的“同质风险分担”，“抗癌公社”又回到了分散的“同质风险分担”。

在新技术（互联网）支持下的分散的“同质风险分担”，有时候比集中效率更高，交易成本更低。

一家保险公司运行，如果从大家手上收到30万元保费，你觉得，它最终有可能拿出多少钱的总量，赔付给那些不幸的人？赔付的比率就叫“赔付率”。

我曾经给一本关于保险的书《好险》写过推荐序。我问作者，中国保险的赔付率大概是多少？他给了我一组数据：

> 2005年，中国保险的赔付率（赔款和给付款总数除以总收入）是22.985%，2008年是30.366%，2013年是36.075%。

当然，这个数据的统计口径各不相同，2019年也一定有很大变化。但是，保险公司几乎不可能把100%的保费都拿出去赔付。为什么？因为光是支付给保险业务员就需要不少钱。那么大的保险公司运营，也需要很多钱。

现在我们回过头来看这个“抗癌公社”。30万元，一分钱损耗都没有，全部都给了那个不幸的人。它如果也有个赔付率概念的话，是多少？100%。

为什么能做到100%？因为它不依赖于任何“更高级的第三方”，让“同质风险”在“对等网络”里用一套机制自动分担。

这就是P2P，这就是对等网络，这就是“去中心型商业文明”。

当然，“抗癌公社”依然有它需要进化的地方。比如，在验证一个成员是否真的得癌症的环节，是有风险点的。后来支付宝优化了这个机制。

2018年，支付宝推出了和“抗癌公社”极为相近的产品“相互保”。但是因为支付宝巨大的影响力，它直接招募300万人以上的社群，这样单次赔付还是30万元的话，每人只要捐赠0.1元就够了。

但是，相互保最终收取了每人0.11元。300万人，总共收取33万元，其中30万元赔付给那个患者。剩下的3万元呢？用于验证患例的真实性。这样就能极大地降低骗保的可能性。

33万元中，30万元用于赔付。这个赔付率是91%，依然大于绝大多数中心化保险机构。

“相互保”出来之后，掀起了轩然大波。很多中心化保险公司的员工，称“相互保”为“史上最大的骗局”。

我在最近几年给很多保险公司的管理层讲课，帮助他们梳理“去中心型商业文明”时代的保险逻辑。我看到，这个行业中有大量的与时俱进的思考者、践行者，但也有一些人永远无法相信，商业文明进步的战车已经在城门外。

后来，“相互保”改名“相互宝”。

相互宝在刚刚过去的2019年，累计救助了15 325人。救助了这么多人，每位相互宝成员的分摊金只有29元。其中一位叫胡友斌的相互宝用户，2019年5月被确诊为口腔癌。在他自己被相互宝救助前，他已经帮助了2 207人，共分摊5.7元。

这相当于他交了5.7元的保费，就获得了口腔癌的赔付。

2019年4月，在中国保险中介发展高峰论坛上，银保监会原副主席魏迎宁透露，中国非寿险公司管理费用将近40%，人身险公司管理费用将近20%。而网络互助行业的管理费用，基本保持在8%~10%之间。

8%~10% vs 20%~40%，这就是“去中心型商业”相对于“中心型商业”的效率。

可是，阿里巴巴依然是那个隐藏在相互宝这个“去中心”背后的“中心”，不是吗？

是的。就像中心型商业建立在无数线段之上一样，去中心型商业，也建立在很多被“基础设施化”的中心之上。

百度、阿里巴巴、腾讯，都是超级中心。但是，它们的背后，其实有个更大的中心，那就是中国移动。中国移动曾经无比耀眼夺目，因为它太重要、太不可或缺了，已经慢慢从大树变成了土壤，被基础设施化了。

当这一代的互联网巨头也被“基础设施化”之后，更上一层的“去中心型商业”，也许才会真正到来。

第二节 去中心型商业，解决信息不对称的方法

当网络密度增加到跨越集中，重新分散，悄悄出现“P2P对等网络”时，商人们如何战胜交易节点（P）之间的“信息不对称”，降低交易成本，并创造巨大的机会呢？

面对未来，我们要保持足够的谦逊，这样才能不被打脸；面对未来，我们要保持足够的激进，这样才能抓住机遇。

这一节，我带你认识三个激进的抢跑者，看看在那些你可能还没有关注的跑道上，它们是如何利用“信息对等”的逻辑，悄悄跑出半圈的。

Motif Investing：收集盈余的认知，分散的智慧

当网络密度增加到足以出现“P2P对等网络”的时候，我们如何促进两个交易节点（P）之间的信息对称呢？换句话说：

去中心型商业文明，如何消除信息不对称，降低交易成本？

举个例子。

美国有个投资网站叫Motif Investing（摩提弗）。Motif这个单词，就是“组合/主题”的意思。

在Motif上，人们可以建立自己的股票组合，每个组合可以包含不同配比的多只（一般是十几只）股票。网站不公布你这个组合的内容，比如哪几只股票，是什么配比等。它会公布这个组合从创立之后，相对于大盘的走势。然后，用户可以根据收益率排名，在网站上看到比较优质的股票组合。

曾经有位太阳能行业的从业者，做了只太阳能行业的股票组合，连续几周跑赢了标普。其他投资者一看，觉着这个股票组合不错啊，我也想投资。怎么投?

你可以花9.95美元，购买这个组合，直接跟投。这9.95美元中，有1美元会分佣给创建这个组合的人，剩下的8.95美元是支付给这个网站的交易费。

你可能会想：啊，才1美元？我辛辛苦苦做出一个那么赚钱的组合，才赚1美元?

这个太阳能行业的从业者，并不是一个专职的金融从业者。他可能别的什么都不懂，就懂太阳能行业。他一个月的收入可能也就8 000美元。如果这个组合非常赚钱，他一个月能多收入几千美元，已经是一笔非常可观的收入了。

但是，今天太阳能行业的一位从业者突然有个好的判断，建立了一个组合，一位零售行业的Motif用户付了9.95美元购买。过段时间，这个零售行业的从业者可能也做了一个组合，另外一个其他行业的Motif用户（甚至就是这个太阳能行业的从业者）付了9.95美元购买。大家形成了共享好的行业判断、共同赚钱的“P2P对等网络”。

那Motif做了什么？Motif做的事情，就是减少他们发现彼此的成本，降低了信息不对称。

在过去，创建组合这件事是基金经理的工作。Motif上的每个股票组合，其实就相当于一只基金。只不过，传统基金是由基金经理建立并管理的，是中心化的；而Motif上的每个组合是由网民建立的，是去中心化的。

同一份“创建盈利组合的能力”，过去掌握在基金经理这样的中心化机构手上时，要通过私募或公募的方式，加上巨大的资金杠杆，来获得巨额收益。但是在Motif上，这份“创建盈利组合的能力”被“零售”了。

为什么同样一份“创建盈利组合的能力”，在基金公司手上就能赚大钱？因为它们掌握了稀缺的杠杆、资金、工具和位置，可以利用这些，放大自身的智慧，放大“创建盈利组合的能力”。

当然，很多基金经理聪明、优秀，这是不容置疑的，但是，你相不相信这个世界上，有很多和这些基金经理一样聪明、优秀，受过一样的教育、一样有判断力的人，因为各种原因，无法坐在他们的位置上呢？

不但有，而且大有人在，因为位置总是稀缺的。Motif做的事情，就是把这些优秀的、被“盈余”出来的认知收集起来，通过一个“P2P对等网络”，直接提供给彼此，绕开了“基金经理”这个“中心”。

美国知名畅销书作家克莱·舍基（Clay Shirlcy）有一本书，叫作《认知盈余》。如果我们能把这些盈余出来的认知收集起来，用来创造价值，这对整个社会来说是件巨大的好事。

维基百科的编写过程，就是一个典型的案例。

著名的《大英百科全书》是使用“中心化”的方式编纂出来的，组织一个极其庞大的专家编辑组，专门更新每一个词条。工程浩大，且非常有意义。

但是，民间会不会也有很多人，对其中一个词或者几个词，有着和专家一样深刻，甚至更为深刻的理解呢？

当然会有。

维基百科，就提供了一个“P2P对等网络”，供每位普通网民用自己的零散时间，把自己在某个词上的专业性贡献出来，参与编辑词条。

2006年，《时代周刊》杂志评选的时代年度风云人物“You”（你）中，提到了全球上百万人线上协作维基百科，促进维基百科的成长。2015年11月1日，英文维基百科条目数突破500万。而《自然》杂志曾做过调查，认为维基百科在科学文章这一领域与《大英百科全书》有着相似的精确度。

为这些盈余的认知、分散的智慧，建立一个“P2P对等网络”，消除信息不对称，我们可能收获的是奇迹。

去中心型商业时代的机遇，就是不羡慕一个太阳的光芒，而去收集满天繁星的智慧。

2014年，Motif被评选为“50 家年度最具破坏力企业”之一，排名第四位。

AngelList：投资互联网的VC，也需要被互联网改造

Angel的意思，是天使；List的意思，是清单。

我从微软离开后，创立了润米咨询。除了做商业咨询外，我也是几家基金公司的LP（有限合伙人），其中包括投资小米的天使投资人晨兴资本。

我是从科技公司出来的，身边有很多人创业。他们中有些人会来找我投资，有时候我就投一点。这就是天使投资。投了之后，我就知道为什么是“天使”了，很多钱血本无归。

你买个理财产品，就算亏了，还能剩个渣。可是股权投资，最后可能连渣都没有，只有那种坐过山车般的经历。

有一次，我在天使轮投资的一个项目，开始做VIE（可变利益实体）架构，准备启动在美国的上市，估值涨了20倍。我很高兴。当时走流程，签的文件比这本书还厚。

但是突然之间，因为某家中概股上市公司在美国出现问题，连累很多纳斯达克的中国互联网公司股价大跌。然后，这个VIE架构就开始搁置。飞速往前跑的公司，如同突然被绊了一跤，摔倒在地。再然后，这家公司清盘。不只是这20倍的增值，连本金都没有了。

在一级市场做股权投资，跟在二级市场买股票基金，完全不是一个风险量级。

反过来说，也因为这样，很多创业项目找不到自己的天使投资人。创业者和天使投资人之间，很难找到彼此。那能不能为他们彼此建一个“对等网络”呢？

印度小伙纳瓦尔·拉维科安特（Naval Ravikant）在硅谷创立了AngelList。

作为创业者，我在AngelList上公布了自己的创业项目，说明自己打算怎么干，并且愿意出让8%的股份，换取20万美元的投资。你们谁愿意投给我？

哎呀，这个项目不错，但我没有20万美元，我投2万美元可以吗？可以，那你占0.8%。那2 000美元呢？也可以，那就是0.08%。这样，一群可能素不相识的人就把20万美元凑齐了，给了他们素不相识的创业者。

其中一位向AngelList请求投资的创业者，和众多其他人一样名不见经传，叫特拉维斯·卡兰尼克。他来融资的项目，你可能听说过，就是后来闻名天下的优步Uber。

AngelList最初只是一个邮件组——就是一群人，彼此发邮件给所有人。AngelList的创始人直到今天都留着特拉维斯·卡兰尼克发给他的邮件。

为什么？因为这份投资让他获得了上千倍的回报。

在很多人心目中，VC（Venture Capital，风险投资）投资着最先进的互联网公司，但是这个行业自己却非常古老，神秘莫测。Naval说，这个行业本身，也需要被互联网改变。

AngelList消灭了项目的信息不对称，撕掉了风险投资的神秘感。因此，一个远在俄亥俄州的合格投资人，也可以直接看项目、投项目了。而过去，他们必须把自己的钱委托给一家中心化的风险投资机构。AngelList的直接匹配，让中心化的风险投资人感到了危机。

去中心型商业时代的机遇，就是不把那个英雄变成神话，而把武器交给每个普通人。

除了从Uber身上获得了上千倍的回报外，AngelList还被硅谷媒体评为“超越纳斯达克的下一代交易所。”

Peer Cover：每个人都可以设计保险产品

抗癌公社、相互宝，都是非常有趣的“P2P对等网络”试验。可是，这两个项目都是针对大病，尤其是癌症的。“P2P对等网络”互助的对象，可不可以是别的事情，或者是任何事情呢？

2015年，新西兰成立了一家P2P保险公司：Peer Cover。它说：可以。

既然相互宝的原理，是在“P2P对等网络”里，减小交易节点之间的信息不对称，降低交易成本，而不是局限于癌症本身，那当然可以将这个原理用于一切与癌症相似的“同质风险分担”。

Peer Cover邀请用户成为“联合创始人”。联合创始人可以根据Peer Cover上的现有产品（比如手机险、葬礼险、车险等），创建自己的“赔偿团体”。每个人都能成为联合创始人，并且编写这个“赔偿团体”的条款，只要其他加入者同意。比如，我这个赔偿团体，只保障手机掉到浴缸里的情况。这样，Peer Cover上就出现了很多各不相同的小小的保险产品。这就是去中心化时代的“副中心”。这个赔偿团体，就成为独立于保险公司这个超级节点的一个“P2P对等网络”。

假如一个会员填写了一份索赔单，说自己的手机掉进浴缸里了（不是泳池，是浴缸），并上传了照片。这时，只要赔偿团队确认并同意了这位会员的索赔，系统会根据他们自己约定的条款进行支付。

更有趣的是，用户还可以随时加入、随时退出赔偿团队。如果退出时，这个“P2P对等网络”还没有发生索赔，甚至可以拿回全额。

这就是基于“P2P对等网络”的万物可保。只要有足够的人想投保同样的东西，不管是什么东西，甚至猫猫狗狗都是可以的。

你闭上眼睛想一想，当全球想投保“哈士奇”的人通过“P2P对等网络”聚在一起互助的时候，还有保险公司什么事。

去中心型商业时代的机遇，就是不强求自上而下的秩序，而鼓励自下而上的涌现。

“P2P对等网络”，也就是去中心化，可以通过节点与节点之间的直连，大幅度降低信息不对称，降低交易成本。

第三节 去中心型商业，解决信用不传递的方法

去中心型商业文明，如何能不借助“更高级的第三方”，更高效地减小信用不传递，降低交易成本呢？

我们先回到前面说的“P2P网络借贷”。

今天的P2P网络借贷，基本上都只解决了“信息不对称”的问题（找不到彼此），却没有解决“信用不传递”的问题（是不是骗子）。它们大多都只是把线下的高利贷模式，搬到了网上。

P2P网络借贷，到底有没有获得合法成功的可能性？我不知道。但我知道，解决这个问题的关键，就是你有没有真正地消除这个“P2P对等网络”中的信用不传递。

举个例子。

假如腾讯也想做P2P网络借贷了（我是说假如），你觉得它会怎么做？

可能会这么做——

我今天想向你借1万元。为什么？笔记本电脑丢了，影响工作，必须买。下个月发工资就还，我付你利息。

你说，我跟你又不熟，凭什么借给你？万一你不还呢？除非你拿东西来做抵押。

拿什么呢？一走抵押流程，签字、画押，甚至去公证处，这个交易成本就非常高了。为1万元，不值得。怎么办？

腾讯说，我有个东西可以做抵押，你们看看合不合适。什么呢？你的微信好友里跟你沟通最多的20个人的沟通权利。

这其实就是说，你授权给我之后，万一你没有还钱，我是说万一，我就会给这20个跟你沟通最多的人发一条消息：

你们有一个叫刘润的朋友，借了别人1万元钱，过期好几天了都没还，你们是他的好朋友，能不能帮忙提醒一下他？

天哪，你想这20个人是什么人？

跟你沟通最多的20个人，可能是你的家人、朋友、老板、合作伙伴、客户。这20个人，就是你最怕他们知道你还不起钱这个信息的人。本来有个客户想跟你做生意，一听说你连1万元都还不起，就不和你合作了。你说，你还敢不还钱吗？

你说，那我不能拉上20个人，一起做假吗？

如果今天你借的是1 000亿元，那你可能半年之前就和这20个人沟通好了：这半年，你们不准和任何人说话，就我们之间聊。半年之后，拿到钱，这20个人就集体消失了。但是，你现在借的是1万元，你不会，因为每个风险都有其价格。

当然，我完全不知道腾讯会不会这么做，大概率不会。我们推演的目的，是希望你知道一个消除了信用不传递的“P2P网络”，其降低交易成本的威力。

上一节，我与你分享了在去中心型商业时代，Motif Investing、AngelList、Peer Cover，在战胜“信息不对称”这条跑道上三位激进的“抢跑者”。

太阳的重要性，逐渐被繁星取代。

但是，在没有了太阳这个“信用中心”之后，繁星们可以依靠什么全新的、更高效的武器，来战胜信用不传递这条恶龙呢？

信用科技。

这一节，我继续与你分享在战胜“信用不传递”这条跑道上的另外三位抢跑者：利用大数据这项“信用科技”的Insure the Box、Progressive，以及利用人工智能这项“信用科技”的COIN。

大数据：凌晨4点，短距离，急刹车

请问：车险应该怎么买才合理？

我每年要出很多差，在上海的时间不多。就算在上海，我也不喜欢开车，我喜欢叫专车。为什么？坐在专车后排，还能处理不少事情。开车的话，就干不了其他事情，很浪费时间。所以我家那辆车，停在车位上，几乎不开。

一辆车几乎不开，每年要交几千元保险费，你觉得合理吗？我觉得不合理。我没开，就完全不会发生风险（至少不会发生道路风险），那我凭什么要和那些上路的车分担风险呢？

保险的本质，是“同质风险分担”，我的车的风险是被大风天里刮倒的树砸了，那些车的风险是在路上遇到交通事故，我们不是“同质风险”。那车险应该怎么买呢？

现在的车险，是按照年来买的。每年只要到该买保险的时候，天啊，不知道这么多保险公司是怎么知道我电话号码的，不停打电话来给我报价。这么买，其实对我这种很少开车的人来说，是非常不合理的。

那不按照年来买，按照天来买合理吗？也不合理，因为每天每个人上路的次数、时间也不一样。

那应该按照什么买呢？按照公里数来买。

假如两个人开车习惯完全相同，每天上下班也行驶在相似路段，那么，他们的出险概率几乎是一样的。但是A每天开20公里上下班，B每天开40公里上下班。一年下来，因为B的行驶里程是A的2倍，最后B出险的次数大约也正好是A的2倍，所以，B就应该多交钱。

开车距离多的人，应该多交保费。未来的车险，可能不会像今天这样在电话里买，而是在加油站买：

师傅，给我加200公里的油，顺便加200公里的保险。

这样最合理。甚至，最后保费会计入油价。

但是问题来了，这个做法听上去很开脑洞，我怎么知道每个人每天开多少公里呢？这就要依靠大数据了。

英国有家保险公司Insure the Box，购买它家的保险，就会在你的车里装一个OBD（Onboard Diagnostic Device，车载诊断系统）。OBD不是行车记录仪，而是一个装在车内线路上的设备，可以检测你的很多行车数据，其中包括开了多少公里。

这就是大数据。

按公里数来卖保险最大的问题，就是保险公司无法掌握你开了多少公里的数据。你在车的仪表盘上做个假，这些信用问题无法防范。这个不可篡改的OBD设备，可以保证数据的可信性，增加个人的信用。

Insure the Box卖保险的办法是：这3 000公里先充给你，拿去用，用完了再来充。如果你的行车记录非常好，每个季度再送你一点里程做奖励。

你猜，每年固定几千元的保险和按公里数付费的保险，像我这种不怎么开车的人，会选择哪种呢？

当然是后者。

可是为什么传统的保险公司不这么做呢？因为它们是中心化的保险机构，手上只掌握“社会统计数据”，而没有关于每个人的“个性化大数据”。

每年上海会出多少起交通事故？65岁以上的老人得老年痴呆症的概率是多少？这就是社会统计数据。虽然中心化保险公司有很多厉害的精算师，但是基于社会统计数据，是得不出针对个人的最优保险定价的。

这就是“个性化大数据”才拥有的威力。

可是，保险按照公里数付费，也不合理吧？这和行车习惯的好坏也有关系吧？比如，那些把车开到四岔路口，打着左转向灯却向右转的人，就应该多交钱吧？

按照公里数付费，每公里按照行车习惯定价，才是最合理的，于是又需要个性化的大数据了。这就是大数据赋能的UBI

（Usage based Insurance，基于用量的保险）。

假如UBI车险时代真的到来了，有一天，我买车的那个品牌可能会打电话给我：您的车险要到期了，现在每年多少钱？贵不贵啊？要不要换成我们车企自己的保险公司？

我说：每年大概7 000元保费，是挺贵的，你们多少钱？

客服小姑娘说：我们便宜。同样的保险条款，每年2 000元。

我说：这么便宜，为什么啊？

她说：因为根据整车预装的OBD设备显示，您的行车习惯特别好，而且基本不开。

我一听特别高兴，赶快打电话给我一个朋友，他和我同一天在同一家4S店，提的同一款车。我朋友听完后，也立刻打电话给车厂的客服，说我要买保险，就是你们卖给刘润的2 000元的那个，我和他一样的车。

客服小姑娘查了一下后说，对不起，您在我们这里买保险会有点贵，要1.2万元。我朋友一听，一口鲜血吐在屏幕上：为什么啊？

她说：因为你经常漂移。

我朋友非常生气：那我不买还不行嘛。于是他继续在原来的保险公司买。

然后，渐渐地，那些行车习惯好，又不怎么开车的车主，会越来越多地被原厂拉走。为什么？因为它们掌握个性化的大数据。

那原来的保险公司呢？它们慢慢地觉得有些奇怪：咦，为什么最近保险的出险率越来越高？

因为好的用户都走了，最后它们只好提高保费，慢慢失去竞争力。最后我的朋友的保费还是会被提高到1.2万元。

为什么？因为我和他虽然是同一款车，但我们面对的根本不是“同质风险”。到底如何判断“同质风险”？用个性化的大数据。这时，你才能对风险进行最优定价。然后，全世界每个人买到的车险价格都不一样，因为每个人的最优风险定价都不相同。

可是，这件事真的会发生吗？

美国有家保险公司Progressive，早已开始给“每公里定价”。它的定价，基于三个数据。

第一，你平常与前车保持的距离。

这个数据，通过车载雷达和OBD设备可以记录。后车如果追尾前车，不管什么原因，后车全责。所以如果你习惯离前车太近，那保费必须要高一些。

第二，你每月踩急刹车的次数。

一个人什么时候才会踩急刹车？一定是遇到险情的时候。这次刹住了，那下次呢？一个经常急刹车的人，嗯，保费也必须高一些。

第三，你每月凌晨4点开车的次数。

这是为什么呢？一个人一天中什么时候最疲劳？凌晨3~4点。不管你是蹦迪回来，还是去上早班，这时候都特别容易出事故。所以，经常凌晨4点开车的，保费也必须再贵一些。

你看，Progressive公司用三个简单的数据，为每个人的保险做了差异化定价。

信用，就是对风险的承诺。用个性化大数据这种“信用科技”，进行更加精准的风险定价，帮助优质的交易节点降低交易成本。

当有了“大数据”这项信用科技的新式武器后，去中心型商业终于可以摆脱依赖社会统计数据的“信用中心”，散成满天星。

人工智能：36万小时 vs 几秒

那人工智能又如何减小去中心型商业时代的信用不传递，降低交易成本呢?

继续举例子。希望这些例子，可以启发正在望向未来的你。

美国有家公司COIN，为摩根大通银行提供贷款合同审批服务。

什么是“贷款合同审批服务”？你向银行借钱，银行要和你签合同。可是，根据你的情况，这合同怎么签，银行才能最大化地管控风险呢?

在中国，银行都有一个风控部门，这也是银行最重要的部门之一，负责审批贷款合同。在美国，一些银行（比如摩根大通）会外聘律师团队来做这件事。为此，每年摩根大通要采购36万小时的律师服务。美国的律师服务是很贵的，所以这是一笔很大的开支。

“人”虽然创造财富，但也是特别巨大的成本。

后来，摩根大通选择和人工智能公司COIN合作。

COIN做了什么？

COIN从摩根大通那里获得了曾经审批完的贷款合同，包括批准的、没批准的、修改的，然后“喂”给它的人工智能算法。算法把这些历史数据“吃”下去后，消化消化，说：我可以了。然后，摩根大通把新的贷款合同给COIN。结果让人惊掉了下巴，过去用36万小时律师服务做的事情，COIN几秒钟就做到了，而且，风控能力不比人工差。

这一下子，摩根大通节省了一大笔钱。这些钱都是银行的成本，最终必然会加到利息里面去。而利息的高低，就是对风险的定价。有了COIN，摩根大通的风险定价能力明显增强。理论上，信用更高的人，可以用更低的利息贷到钱了。

这是不是让你想起2016年赢下李世石的AlphaGo（围棋人工智能程序）？AlphaGo就是一套人工智能算法，它吃下去10万局人类历史上的棋局，消化了一下，就下得比最厉害的人类还要厉害。

当有了“人工智能”这项信用科技的新式武器后，去中心型商业，终于可以摆脱人工成本高昂的“信用中心”，散成满天星。

区块链：从现金，到账户，到区块链

还有什么办法，可以减小去中心型商业时代的“信用不传递”问题呢？

那就不得不重新提及我们请来的嘉宾“区块链”了。

要深刻理解区块链是什么，它运行的底层逻辑是什么，可能要懂三个学科：金融、网络和数学加密算法。很多人对区块链的认识都停留在“哲学层面”，不明觉厉。

在过去几年，我给不少全国最顶尖的金融机构讲“区块链”的底层逻辑，以及它和“去中心型商业”的关系。今天，我争取用最通俗的语言给你讲明白，区块链到底是什么。

区块链，简单来说，就是一套“加密的分布式记账技术”。

“加密”是数学概念，“分布式”是网络概念，“记账技术”是金融概念。

在线段型商业时代，一个人拥有多少财富这件事，怎么证明，怎么记账？

用黄金。当然也可以用白银，或者铜钱。黄金，不是财富本身，黄金是财富的账目。在线段型商业时代，那些黄金参与的一段段交易，就是一次次“转账”。

到了中心型商业时代，一个人拥有多少财富这件事，又是怎么证明，怎么记账的呢？

用账户，实现“中心式记账”。

提到中心式记账，你是不是立刻想到了中心型商业文明时代的银行？没错。中心式记账是当前银行业广泛采用的记账系统。

举个例子，我们的资金是存放在银行的，比如我在某银行有5 000元，这笔钱在银行其实表现为一条数据。银行用一个中心数据库来存储这条数据，为了防止意外和灾害，它还建有备份的数据库来存放这条数据的副本，这种记账方式就是中心式记账。我对这笔资金的所有操作，都需要通过某银行做身份认证和修改授权，才能完成。

这样的中心式记账有很多好处，比如转账方便。我给你转1 000元钱，其实没有任何现金或者黄金被移动过，银行只是在我的账户里做了一个减的操作，同时在你的账户里做了一个加的操作。

这就是银行的“中心式记账”。

在线段型商业时代，人们用现金（比如黄金、白银、铜钱）交易，为什么？因为没有一个中心化的记账机构，信用不传递，所以“钱”本身必须有价值。然后人们“一手交钱，一手交货”，做价值交换。

到了中心型商业时代，大家都相信银行这个“信用中心”，所以我们不用带那么重的黄金出门了，记个账就行。

从线段型商业进化到中心型商业，我们也从现金进化到了账户。

但是，这种中心化的账户，也有两个可能你未必重视过的问题：

第一，如果信用中心（比如银行）出现技术问题，例如黑客攻击或者硬件故障，导致记账数据被篡改或损坏，就可能导致整个系统的危机甚至崩溃。虽然这种可能性很小，但并不是完全不可能。

第二，这种运作模式因为账本的唯一性，依赖的是中心的信用，即银行的信用，如果这个信用中心出现道德风险，比如银行擅自篡改数据，那么客户的权益也会受到侵害（例如已经发生了很多起银行职员利用职权盗用储户资金事件）。现在的办法是依靠严格的监管，但所有的监管都不完美，都会存在漏洞，导致人为事故。

区块链的出现，解决了这个问题。

提起区块链，就不得不提一个人。这个人很聪明，同时也很神秘。他就是中本聪。

中本聪是一个密码学专家，在2008年写了一篇论文《基于P2P对等网络的数字现金系统》（*A P2P based Digital Cash System*）。注意，你又看到了“P2P对等网络”这几个字。看到这几个字，你就应该意识到“去中心化”一定在附近。

那这个“基于P2P对等网络的数字现金系统”，怎么转账呢?

比如我今天还是给你转1 000元。假设现在这个P2P对等网络里，有100万台计算机，我转1 000元给你的同时，向100万台计算机吆喝一声：我转给他了，你们都看着啊，记下来。第一个记下来的，有奖励。

于是100万台计算机都瞪大了眼睛看着，拿着小本子记。转账完成的瞬间，所有计算机立刻开始记账，但只有一台是最快的，它拿到了奖励。其他计算机虽然有些失望，但也都把账同步记在自己的本子上，等待下一次记账。

于是，我转给你1 000元这件事，被记载到了100万台计算机上。这些计算机上的账本，记录的内容都是一致的。

这种把账目分布在大量电脑上同时记录的机制，就叫“分布式记账”。

这时候，你说这个东西安全吗？首先，它有一定的不安全性，这个不安全性在于，万一这100万台电脑都把账本改了呢？都说没转呢？那我这1 000元不就没有了吗？

你改你自己电脑上的数据，理论上是可行的。但是你的电脑只是100万台中间的一台。系统一旦发现有一台电脑数据不对，就会发起投票。结果其他99.999 9万台电脑都说是你错了，你只好改回来。

所以，如果你真想修改交易数据，唯一的办法，就是说服整个P2P对等网络的100万台电脑中的51%同时修改。这个概率是极其小的，几乎不可能。

可是，即便这样，分布式记账与中心化记账相比，好在哪里呢？

在一些特定的时候，区块链的分布式记账，能用比中心化记账低得多的交易成本，战胜“信用不传递”。

举个例子。

比如2016年美国大选，希拉里怀疑某个投票站数字统计错了，要求重选。为什么呢？因为美国总统大选的投票，是人工操作的“中心化记账”。每个州都有很多人在那里投票，也有很多人接收投票，监督投票，然后唱票。那么多州，那么多选票，那么多人参与选举，是有可能搞错的。

这时候，去中心化的区块链就可以发挥作用了。

现在我们不去投票站投票，直接在区块链的P2P对等网络里投票。每个人投票，就相当于对全美人民吼一声：我投了希拉里！我投了特朗普！吼完就被记录下来，不可修改。所有的投票是被算法自动记录的，不会犯任何错误，无法篡改。这可能就会节省上万人的参与，大量的钱会省下来。所以，区块链可以帮助美国大选大大地节省成本，还能保证不出错，保证大选的“信用”。

再举个例子。

过去我们签合同，至少是一式三份。为什么？万一你后悔怎么办呢？所以，你我各一份，还有一份留在公证处。

有一天我拿着合同去找你，说这是我应该付给你的100万元。你拿出你那份合同说，不对啊，我这里是700万元。我大吃一惊，一看果然你的合同上是700万元。明明是100万元，一定是你改的。我们俩吵得不可开交，谁也说服不了谁。

这时候，我们想起公证处还有一份合同。公证处就是中心型商业文明时代，“第三方的、中心化的”信用中介，我们都相信它。到公证处一看，果然是100万元。这下你没话说了吧！但是因此，我们要付一笔钱给公证处。这就是公证费。

这笔公证费，就是中心型商业时代的交易成本。

但是现在我们可以把合同封装在区块链里面，不可篡改，而且，一达到指定条件就自动执行。这样，我们两个交易节点之间的“信用不传递”问题，就可以被一种无人参与的、不可篡改的技术保障，而不是一个第三方的公证处了。

这份信用更牢固、更便宜。这就是所谓的智能合约。

写完这一章，不得不感慨：未来已来，只是尚未流行。

气势磅礴的中心型商业文明之后，是化解一切于无形的去中心型商业文明。

凯文·凯利在其1994年写的著名的《失控》一书中，准确地预言（或者说推理）了很多2014年之后移动互联网时代的变化。人们称他为“未来学家”“预言家”。

大家一边惊叹于他预言的准确性，一边忍不住问他：凯利先生，请你再预测预测未来吧。

凯文·凯利说：

未来的20～30年，去中心化是不二法门。

天下大势，分久必合，合久必分。商业也是这么从“中心化”一路走来，然后向着“去中心化”一路远去。

你抓住“中心型商业时代”的机遇了吗？你能抓住“去中心型商业时代”吗？

第六章

全连接型商业，商业世界的乌托邦

第一节　全连接型商业：网络密度=100%，交易成本=0

这本书写到这里，已经把我们所能推测的过去（线段型商业），所能分析的现在（中心型商业），以及所能预测的未来（去中心型商业），一一尽力回望和极目远眺了。我希望我们能一起看到一股用连接的洋流串联起来的商业简史。

这部商业简史，站在月球，从空间看，就是从华灯初上，到万家灯火，到最后漫天繁星，是从稀疏到密布的“网络密度”提升史。

这部商业简史，站在未来，从时间看，就是一部从沙石，到水泥，再到玻璃，交易节点之间摩擦力越来越小导致的“交易成本”降低史。

今天，商业世界已经进化到古人难以想象的场景。古人筚路蓝缕，穿越茫茫大漠，开辟丝绸之路。但是，他们全年产生的交易量，还比不上薇娅坐在直播间里，说一句“五四三二一，开拍”瞬间产生的交易量。

这要归功于网络密度的提升和交易成本的下降。

现在有些年轻人爱玩“汉服秀”，其实他们的生活品质比任何一位汉朝的皇帝都要高。尽管皇帝拥有天下的财富，却无法像现代人那样能够如此便捷地满足自己的多样化需求。这也要归功于网络密度的提升和交易成本的下降。

那么，再往后呢？如果最后所有交易节点都两两相连，网络密度升到100%，并且信息完全对称、信用完全传递，交易成本降为0呢？

这个理论上存在的未来，我们称之为“全连接型商业”。（见第三章图3-7）

什么叫“全连接型商业”？就是“连接一切网络节点，消灭一切交易成本”的商业文明。这句话用公式表示，就是：

$$\begin{cases}\text{网络密度}=100\%\\ \text{交易成本}=0\end{cases}$$

当然，就像我们理论上可以不断逼近光速，但实际上永远到达不了一样，全连接型商业可能最终也只是商业世界的乌托邦，我们想象中的存在。

对于全连接型商业，我们不敢说“推测，分析，预测”，只敢说“想象”。在那个世界里，商业是如何运转的呢？

我与你分享三个“想象”。

第一，商人的最终归宿，是不再需要商人。

商人之所以存在，就是因为两个使命：

（1）四处奔波，连接所有网络节点；

（2）殚精竭虑，降低一切交易成本。

最终的最终，当网络密度达到100%，交易成本降为0时，这个想象中的商业世界，将是一个没有“摩擦力”的乌托邦，商人的价值被自己消灭。

“网络密度=100%”，意味着这颗星球上所有的交易节点（人、物、公司，甚至国家），都被两两相连。因此，想要找到任何有价值的交易节点，不需要通过首尾相连的线段，也不需要通过更高级的超级节点。

考古学家在遗址里发现一幅罕见古文字的壁画，瞬间，全球仅存的懂得这种古文字的3个人，在各自的国家被连接在一起。

医生抢救一个拥有罕见血型的病人，瞬间，这个城市里拥有这种血型的5位市民，收到提供帮助的请求。

很多国家联合研究人类如何在火星上生存，瞬间，地球上400多个学科，25万名最顶尖的专家，被召集在一起。

在“网络密度=100%”的世界，一切皆可直连。

而“交易成本=0”，意味着任何两个节点之间，信息完全对称，彼此完全信任，摩擦力为零。因此，你们之间谁也不会占谁便宜，最终“谈判”这个商业行为，“撒谎”这个道德缺陷，将成为历史。

我的这批酸奶，用了哪里的奶牛，喂了什么饲料，有没有加激素，兑了多少糖，工人的成本是多少，采购酸奶的超市完全知道。我无法“撒谎”说我的牛奶是从澳洲进口的，超市也无法“撒谎”说还有另一家报价比我低很多。

两家公司签署合同，你想要什么，他想要什么，彼此非常清楚。摊在桌上算一算，怎么合作，创造的总价值是最大的，然后一起分掉这个价值。“欲擒故纵”“隐藏的决策者”“红脸黑脸”这些谈判技巧完全不再需要。

这就是全连接型商业社会。

第二，商品的定倍率，无限接近于1。

我在得到App的课程《刘润·5分钟商学院》里，介绍过一个概念，叫定倍率。

定倍率=（生产成本+交易成本）/生产成本

比如，你在市场上买到一支300元的口红。它的生产成本大概率不超过30元。那剩下的270元是什么？交易成本。

这支口红要通过线段型商业，从总代理到省代理，到市级经销商，层层传递。这中间的摩擦力，必然产生高昂的“交易成本”。然后，这个市级经销商要通过中心型商业，在一家大型购物中心销售。这中间的摩擦力，也是不得不存在的“交易成本”。

这些交易成本，包括搜寻成本、比较成本、测试成本、协商成本、付款成本、运输成本、售后成本，加在一起270元。所以用户最后花了300元（30元+270元）。

这个口红的定倍率是10倍：

定倍率=（30元+270元）/30元=10（倍）

那么，如果在“交易成本=0”的全连接型商业文明时代呢？

因为生产者可以直接把东西卖给消费者，并且没有信息不对称和信用不传递，所以交易成本从270元降为0。

这时候，这支口红的定倍率是1倍：

定倍率=（30元+0元）/30元=1（倍）

你可能会说，这不可能吧！总要运输吧！总要库存吧！

是的。运输成本、库存成本，依然是物理世界无法消灭的成本。但是，越来越多的科技，正在想办法将其降低，比如3D打印。

在全连接型商业时代，作为消费者，你从生产者那里直接下单买一支口红。这时，这支口红并不是从厂家快递，通过1家快递公司、2个中转仓库、3个工作人员送到你家的。这支口红是在你们小区楼下的“万能3D打印柜”即时打印出来的。下单买口红，在下楼散步的时候，顺便取走口红。

第三，可以不断接近，永远无法达到。

当然，在口红的案例中，还是有交易成本，比如3D打印柜的运营成本。这就是为什么说全连接型商业可以被不断接近，但也许永远无法达到。只是这个接近的程度，在不需要物流、仓储的虚拟产品世界，比如电子书、远程教育、视频娱乐，可能会更快地接近而已。

很久以前，我在微软美国参加了一次全球技术支持团队的管理层会议。当时，微软全球有7 000多名技术支持工程师。这是一个两天的会议，其中一场请了当时微软全球副总裁李开复来做分享。

李开复当时在帮助微软的技术支持团队做基于人工智能的技术支持软件，他在会上分享了这个项目的进展。李开复说了一句话，把现场的管理团队镇住了。他说：

我在帮技术支持团队做的事情，就是让微软不再需要技术支持团队。

我可以感觉到坐在同一桌的几位其他国家的高管很不满的神态。这句话给我留下了很深的印象。也许他说得对，一个公司技术支持团队最终的状态，就是不需要技术支持团队。商业文明最终的状态，也许就是因为“网络密度=100%，交易成本=0”，而不再需要商人。

但有趣的是，不断推动商业文明走向这一天的，又恰恰是富有远见、不断进取的商人群体。他们也因为这样奋不顾身地推动，获得了巨大的回报。

我们将会如何一天一天地逼近这个理想中的，但可能永远达不到的“全连接型商业文明”呢？

第二节 前进的路径：左脚，右脚，然后再左脚

我们如何一步一步走向“全连接型商业文明”？

很简单，先迈出左脚，然后右脚，然后再左脚。什么意思？

现在，我们需要回到一切的源头，回到第一章“你的大米，老王的鸡和张阿姨的布”的故事，来理解什么叫“左脚，右脚，然后再左脚”。

你种了1 000斤大米，自己一年只能吃200斤，于是用剩余的800斤大米换了10只鸡、3尺花布、2只羊腿、半缸菜籽油和其他不少东西。你觉得自己的小日子过得很好，觉得自己挺“富有”的。

那么，请问：

你拥有的财富：10只鸡、3尺花布、2只羊腿和半缸菜籽油，是谁创造的？

是老王和张阿姨？因为鸡是老王养的，布是张阿姨织的？不是。你要记住，这些财富，是你自己创造的，不是他们任何人。如果不是因为你日出而作、日落而息，不断研究新的种植技术，你不可能从200斤的产能，提升到1 000斤的产能。这额外的800斤大米的财富，是你自己创造的。

你的财富总量提升的本质原因，是你生产效率的提高，然后才是交易效率。你和老王、张阿姨的交易，只是把本来就属于你的财富，通过交易，变换了形态。

所以，如何让整个社会的财富总量，以及每个人的财富总量增加？如何一步一步走向“全连接型商业文明”？

先迈出左脚，提升生产效率；然后迈出右脚，提升交易效率；然后，再迈出左脚，提升生产效率；再迈出右脚，提升交易效率；然后，再迈出左脚……

如此循环，一路向前。

关于工业革命，有很多解释，我很喜欢杰里米·里夫金的解释。在他著名的畅销书《第三次工业革命》里，他说，人类的三次工业革命的核心，都是能源利用方式和信息交流方式的变更。

吴军老师在其得到课程《科技史纲60讲》里提出：科技的进步，就是对能量的使用和对信息的驾驭的进步。

他们的观点，对我形成商业进化中生产效率和交易效率“左脚，右脚，然后再左脚”的交替进步观，有不少启发。

第一次工业革命：蒸汽时代

1760年到1840年的第一次工业革命，被称为“蒸汽时代”。大家都知道，第一次工业革命的标志性事件，是瓦特对蒸汽机的改良和应用。

蒸汽机用的是什么能源？煤炭。蒸汽机的本质，是驾驭煤炭

“这匹烈马”的马鞍。因为能够驾驭煤炭这种远超人类靠吃喝获得的化学能的新能量，人类的生产效率大大提高。

还记得在“吃喝化学能”时代，人类是怎么纺纱的吗？用吃下去的那点能量，操纵双手，通过手摇纺车，把棉花纺成线。你说一天能纺几卷线？

到了蒸汽时代，英国人发明了可以同时纺8卷线的珍妮纺纱机，然后珍妮纺纱机被套在了蒸汽机（煤炭能源）这匹“烈马”上。

想象一下，这时候一个女工每天可以纺多少卷棉线？这就是生产效率的提高。

这个生产效率的提高，本质上来自科技的进步。通过科技提高了能源的利用效率，从而提高生产效率。

左脚的生产效率提升之后，接下来就是右脚交易效率的提升了。

蒸汽机推动了火车的发展，火车和铁路改进了物理世界的连接效率；蒸汽机又改进了印刷术，印刷术改进了信息世界的连接效率；后来，电报被发明了。

铁路、印刷术和电报，推动了“连接的洋流”汹涌向前，整个商业社会的“网络密度”大大提升，交易成本下降，右脚“交易效率”往前迈了一大步。

再然后呢？

第二次工业革命：电气时代

1840年到1950年，全球迎来了第二次工业革命。这次工业革命，被称为“电气时代”。

在这个时代，人们学会了驾驭另外两个更加“野蛮”的能源：电和石油。

可怕的电，被锁在一根包着塑料的铜线里，无处逃窜，只能为人所用。有了电，能源的生产和消费被区分开来，更多的工厂可以用这种无形但强大的能源从事生产，在今天几乎看不到一家工厂不用电。全球的生产效率全面提高。

同时，另一种深藏在地底，在当时看来取之不尽用之不竭的能源——石油，被一种叫“内燃机”的技术驾驭了。套上内燃机这股缰绳的石油能源，在各行各业，像巨人一样，做着人类“吃喝化学能”做不到的事情。

因为电和石油，全球的生产效率全面提高。

左脚这一步，震撼天地。

然后，就像套着蒸汽机的煤炭把火车送向远方一样，套着内燃机的石油把飞机送上了天，把汽车推向了四面八方。全球物理世界的连接效率突飞猛进。

基于电力，人们还发明了电话等电信技术。全球的“交易效率”，闪电似的快速提升。

右脚这一步，瞬间十万里。

第三次工业革命：信息时代

左脚，右脚，然后再左脚，生产效率和交易效率交替进步。然后呢？

然后就是第三次工业革命。

20世纪50年代，第二次世界大战之后，第三次工业革命开始了。这次革命被称为“信息时代”。

杰里米·里夫金认为，就像第一次工业革命的煤炭，第二次工业革命的石油一样，第三次工业革命的起点，是可再生能源。

在这一点上，我斗胆以为，也许被里夫金忽视的另外一种“能源”，才是第三次工业革命的第一推动力，那就是“计算资源”，或者说“算力”。

1946年，第一台现代计算机ENIAC诞生。这台计算机重30多吨，占地150平方米，每秒计算5 000次。每秒5 000次是什么概念？今天我们手上一部iPhone的算力，是这部30吨庞然大物的几十万倍。

这50多年来，计算机的算力一直被开发，如同石油不断被开采一样。那么真正驾驭算力的是什么呢？是软件。比如微软的Windows（计算机操作系统）、Office（办公软件），Oracle（甲骨文）的数据库软件，Kindgee（金蝶）的财务软件，甚至包括腾讯的QQ（即时通信软件）。

被软件驾驭着的算力，不断赋能各行各业，提升生产效率。有了计算机和软件，银行算账更快了，超市结账更快了，工厂排产更快了。一切生产的效率，都在以无法想象的速度提高。

这只左脚，如神一样降临。

那右脚呢？右脚当然是互联网，是移动互联网，是万物互联。

读大学时，我要想和一个考到美国的同学通个电话，十几元一分钟。当时，我一天吃饭的预算才5元，所以打电话的时候都是数着秒打的。57秒，58秒，59秒……对不起，对不起，不能聊了。啪，把电话挂了。晚一秒，就三天不用吃饭了。

现在呢？你想和你在美国的家人、朋友、合作伙伴或者客户沟通，随时随地拿起手机，打开微信，立即视频，还完全免费。

交易效率的右脚，像另一个神一样降临。

这三次工业革命，把地球上大部分国家，通过全球化的方式，接入到一张巨大的“交易网络”里面，商业文明空前发达。每一次工业革命之后，商业世界的“网络密度”就会向100%的方向前进一步，“交易成本”就会向0的方向前进一步。

2019年中美贸易谈判期间，有人说未来的世界可能会割裂为两大阵营。但是如果你能看到商业文明左脚右脚坚定的进化步伐，看到“连接”这股浩浩荡荡的洋流不可逆转的趋势，就知道稍微往远一点看，“割裂”就是不可能发生的。

谈判的结果，几乎一定是通过协商，降低交易成本，或迟或早，连接不可阻挡。

第四次工业革命：智能时代

会不会有第四次工业革命呢？如果有，第四次工业革命的左脚、右脚又是什么呢?

第四次工业革命所依赖的“能源”，很可能是“大数据”。而驾驭大数据这种“21世纪的石油”的，很可能是人工智能。

2017年，马云在一个公开演讲上说：

未来30年，数据将取代石油，成最强大能源。

这不是马云第一次说了。为什么？因为能源对商业的最大价值，是提高人类的“生产效率”。而未来提高人类生产效率的最大动力，是“大数据”。

举个例子。

你一定知道美团，也一定见过穿黄色外衣的美团骑手。但你可能不知道，美团骑手把电瓶车停在你们小区楼下时，会遇到一个你可能永远都想不到的问题：

要不要把电瓶拎上楼?

为什么要拎上楼？因为电瓶车的电瓶可以卖钱，所以常常被偷。拎上去吧，太费体力，而且会导致送餐效率下降；不拎吧，电瓶万一被偷了，更麻烦。

怎么办？大数据。

美团有一个中央系统，叫“美团超脑”。这个“美团超脑”会不断累积历史“大数据”，判断在哪里送餐电瓶容易被偷，哪里更加安全，然后提示外卖小哥：

这个地方需要辛苦您一下，拎下电瓶吧。

外卖的效率自然提高了。

是什么提高了快递小哥的“生产效率”？大数据。那是什么在驾驭这个大数据呢？美团超脑。

这个人工智能系统会根据各种大数据，比如每一单餐厅做好菜品的大概时间、最近骑手的位置、客户的送餐地址等一系列参数，用0.55毫秒的时间，计算全局最优化路径：既让顾客等待时间最少，也让骑手跑路最短。

第四次工业革命的左脚，是“人工智能驾驭的大数据”。

那提高“交易效率”的右脚呢？可能是“脑机互联”。（见表6-1）

我们都知道“钢铁侠”埃隆·马斯克的特斯拉，你可能也知道他的SpaceX，但很多人不知道他的脑机互联公司NeuraLink。

脑机互联，就是将人脑和计算机互联。换句话说，是将碳基世界和硅基世界连为一体。

人的细胞由碳组成，人脑是碳基世界；而芯片是由硅组成的，计算机是硅基世界。如果出现一种设备，就像人体的一个器官一样，把化学能转化为电能，把人体微弱的电信号翻译成信息，和计算机沟通，然后传播出去，那么这个世界会是什么样子呢？

我正在写书，一边写一边想：好像有点饿了。然后叮咚，有人敲门。打开门一看，物流机器人送来了麻辣小龙虾！

天啊！太美好了，不敢想。

这样的话，交易效率将会极大地提高。你是盼望呢，还是害怕呢？

表6-1

	左脚：生产效率	右脚：交易效率
第一次工业革命：蒸汽时代	蒸汽机驾驭的煤炭	铁路、轮船、电报
第二次工业革命：电气时代	内燃机驾驭的石油	飞机、公路、电话
第三次工业革命：信息时代	软件驾驭的算力	互联网、移动互联网、万物互联
第四次工业革命：智能时代	人工智能驾驭的大数据	脑机互联

到现在为止，我们回答了本书的四个问题。

第一，商业到底是什么？

商业的本质，是交易。

“信息不对称、信用不传递”，是交易节点之间的沙子、巨石，甚至天堑。

为了克服“沙子、巨石，甚至天堑”所带来的摩擦力和阻碍，我们必须付出“交易成本”。

交易成本包括：搜寻成本、比较成本、测试成本、协商成本、付款成本、运输成本、售后成本。

商业进化，就是不断跨越天堑，降低交易成本。

第二，商业为什么能进步？

连接，是进化的动力。

铁路、公路、集装箱，这些物理连接，造成空间折叠；电报、互联网、万物互联，这些虚拟连接，造成时间坍缩。

第三，商业从哪里来？

商业原始社会，小农经济，线段型商业文明，中心型商业文明。

第四，商业到哪里去？

去中心型商业文明，全连接型商业文明。

下一章，回答最后一个问题：我们如何顺势而为？

第七章

我们如何顺势而为

讨论“商业到底是什么，从哪里来，到哪里去”的目的，不是享受思辨的乐趣，而是在看清商业进化的方向后，沿着它顺势而为，并因此获利。

如何才能顺着商业进化的方向获利，并且持续获利？

一句话，不管在哪个商业文明时代，持续获利的方法，都是：

用护城河，把时代降临的“红利”，守护为丰厚的“利润”，避免只拿微薄的“工资”。

请注意，这句话里有“红利”、“利润”和“工资”三种收入。

首先，我想和你探讨一个你可能觉得简单到“啊，这还用讨论”的问题：

什么才是真正的“利润”？

第一节 什么是真正的“利润”

你们家门口有一片沙滩，过去海水很脏，根本没人来，你也从来不去。

但是最近几年，大家越来越重视海洋环境治理。水越来越清，沙越来越白。渐渐地，夏天有越来越多的人来这片沙滩玩耍、游泳。

你妈妈提醒你，反正在家闲着也是闲着，要不你拖个冰箱去卖点冰镇可乐。那些在大太阳下游泳的人，一定很想喝，说不定能赚点钱呢。你一想，有道理啊。于是真的在沙滩旁摆上冰箱，开始卖冰镇可乐。

你从超市买的可乐，是3元钱一瓶。那卖多少钱呢？卖30元吧？那么热的天，30元钱一定有人买。果然，30元一瓶的冰可乐，虽然听上去很贵，但是依然有很多人买。你赚了好多钱，欣喜若狂。

现在请问，这3元成本和30元售价之间的27元差价，是你的“利润”吗？

当然是啊！按照会计公式：

利润=收入−成本

这27元当然是利润！

没错。在会计上，这27元确实可以被叫作“会计利润”（严格意义上，还要扣除冰箱的固定成本分摊，以及你的劳务成本）。

但是在商业上，这27元不是利润。那它是什么？红利。

红利：红利，就是短暂的供需失衡

为什么是红利？红利是什么？

红利，就是短暂的供需失衡。

阿里巴巴说，让天下没有难做的生意。可是，天下真的可能没有难做的生意吗？

在淘宝成立的早期，之所以有很多人都赚到了钱，是因为“中心型商业文明”突然之间喷发，大量买家在淘宝上喷涌而出，可是很少有卖家意识到这一点。

卖家（供）少，买家（需）多，这就是供需失衡。供小于求，生意当然好做。但是，这种供需失衡可以持续吗？

当然不行。因为这种供需失衡是短暂的。

后来大量卖家意识到：这个长得像骗子的人，原来不是骗子啊！他们大量涌向互联网。买家虽然也在增加，但卖家增长的速度更快。很快，供需关系就重新达成了平衡，甚至出现了“僧多粥少”的局面。这时候，短暂的供需失衡就消失了。

供需重归平衡后，对没有核心竞争力的企业，线上的生意和线下的生意一样难做。而对于有核心竞争力的企业，线下的生意和线上一样好做。

回到这瓶可乐。你觉得，你能把一瓶3元的可乐卖到30元，是因为你的可乐与众不同，还是因为供需失衡？

显然是因为供需失衡，而且是“短暂的供需失衡”。

时代像掷骰子一样，把一笔小小的“红利”砸在你的头上。不要得意，不要忘乎所以，不要觉得这是因为自己有多了不起。这笔本不属于你的“红利”砸中你，纯属运气。

你可能想不到的是，你最好的朋友狗蛋，正在和他妈妈一起计划着打破这种平衡。你最好的朋友会把你的红利抢走，只给你留下“工资”。

工资：你以为你是在创业，其实你是在为这个社会打工

什么叫“工资”？

狗蛋的妈妈说，你朋友小虎多有出息，摆个冰箱卖可乐，每天都赚那么多钱。你学学他，也去摆个冰箱吧。狗蛋听妈妈的话，也买了个冰箱，进了一些可乐，在沙滩上卖起了冰镇可乐。

卖多少钱呢？小虎已经卖30元钱一瓶好几天了，我是新来的，25元钱才能卖得出去吧？于是，狗蛋在牌子上写：20元一瓶。果然，游客蜂拥而至。

你看到这一幕，简直气炸了。这不是“恶性竞争”吗？狗蛋说了一句从互联网上学来的话：

这个世界上从来没有“恶性竞争”，对用户有利的竞争，就

是好的竞争。

你想，谁怕谁！你能便宜，我就不能吗？于是，你把价格降到了10元。狗蛋感受到了商业的残酷，把价格降到了5元。然后，你降到了3.3元。再然后，狗蛋也降到了3.3元。再然后，谁也不降了。你们俩咬牙切齿地维护着3元成本到3.3元售价之间0.3元的稳定利润。（见表7-1）

表7-1

	你（小虎）	他（狗蛋）
成本	3 元	3 元
第一轮	30 元	20 元
第二轮	10 元	20 元
第三轮	10 元	5 元
第四轮	3.3 元	5 元
第五轮	3.3 元	3.3 元
第六轮	3.3 元	3.3 元
稳定利润	0.3 元	0.3 元

你发现没有，一旦交易结构里出现竞争，供需就会在竞争中逐渐恢复平衡，最后“红利”消失。

那为什么最后的价格是3.3元，而不是3元呢？

因为如果再便宜下去，你和狗蛋都会觉得不划算，这么辛苦就赚这点钱，还不如去送个外卖呢。不干了，不干了。但如果你们真的都不干了，因为缺乏竞争，冰可乐价格又会上涨。最后，涨涨跌跌，你们能赚的钱，稳定在了“社会平均利润率”上。

社会平均利润率是多少呢？假设是10%。3元的10%，就是0.3元。你想提高，怎么也高不上去；你不干了，立刻有人接替你。这像极了拿着“底薪”的打工者。

说一句很扎心的话，这时候：

你以为你是在创业，其实你是在为这个社会打工。

这0.3元，就是你以创业的姿态为社会打工而获得的“工资”。

这个工资一般有多少呢？不多不少。多了会被竞争打下来，少了就没人干了。这就是绝大多数创业者的生存状态：长也长不大，死也死不了。

那就只能这样了吗？我们只能顺着商业进步的红利，被红利砸一下就死吗？

当然不是。我们继续看可乐的故事。接下来发生的故事，由真实事件改编。

利润：利润，来自没有竞争

柱子他妈也注意到了这场好朋友之间的残酷竞争。她对柱子说：这里面有机会，你也去试试。柱子说：不能吧，这都3.3元了。这不是红海，是血海啊。进去就是死。

柱子他妈说：我注意到一件事。这些游客买了小虎和狗蛋的冰可乐之后，一下子喝不完，喝剩下的放在滚烫的沙子上面，就下海游泳去了。再上来的时候，可乐已经没法喝了。

柱子说：还真是。那怎么办呢？

柱子妈说：我设计了一个杯托，一头尖尖地插在沙子里，一头总能保持一个水平托盘的形状。没喝完的可乐放在这个托盘上，一时半会就不会被沙子加热到烫手了。

柱子一听，这是亲娘啊，马上就要去做。柱子他妈说：别急，先去申请一个专利。

很快，柱子开始在沙滩上卖杯托，1元成本，卖10元一个，一下子就卖疯了。小虎和狗蛋看到后，眼睛都红了，赶快找到柱子，说：杯托怎么做的，我们也想做了卖。

柱子说：不行啊，这个杯托是申请了专利的，本沙滩只有我可以卖。你看，那边游泳的是我们这里的专利警察。你们要是也做，会被罚款的。

小虎和狗蛋咬碎了牙往肚子里咽，继续去挣那一瓶可乐0.3元的“工资”，而柱子却可以继续挣他9元钱的利润了。

什么是利润?

利润，来自没有竞争。

只有在竞争少的地方，才有利润；越接近于没有竞争的地方，利润越高。

商业的进化，不论是左脚迈下去（生产效率的进步），还是右脚迈下去（交易效率的进步），都会引起商业世界的震荡，改变交易结构，出现不少“短暂的供需失衡”。这时候，有些人会因为有战略眼光，而有些人只是纯粹因为运气好，成为“供需失衡”中的“供”方，被“红利”砸中。

这其中，纯粹因为运气好而被砸中的人，有90%以上。而这些运气好的人中，有90%会误以为是因为自己有战略眼光。所以，当你一不小心被风口吹上了天，先不要想我怎么这么厉害，而是要想我怎么下来。

最近两年，我参加了很多行业论坛，比如跨境电商。我和很多跨境电商的创业者、平台方、支付机构跟踪交流，非常明显地感觉到这个行业的微妙变化。

最开始，这个行业是典型的“红利期”。中心型商业文明，从全国级中心走向全球级中心，交易效率的右脚重重迈下去，红利飞扬。

有什么红利?

中国厂家想把商品卖给美国消费者，本来是要通过中国采购商、国际贸易商和海外商超卖家等“线段型商业”

的。但同时，“中心型商业”的跨境电商，让一个美国消费者可以直接从中国厂家（或者卖家）买东西了。

外贸行业的交易结构发生巨大变化，交易成本断崖式下降。跨境电商与传统外贸相遇，表现出“结构性优势”。这时候，一群80后、90后小朋友，被这巨大的红利砸中，甚至被砸晕。很多公司刚成立一两年，就年收入7亿~8亿元，甚至十几亿元。他们中有不少人认为这是自己努力的必然结果，举办大型的论坛彼此欢庆。

我受邀参加这些论坛，并做主题演讲。我说：

千万不要把赚的钱拿回家，要用来提升管理效率；千万不要什么产品好卖就卖什么，要投资品牌价值。

一段时间之后，我再去参加这些论坛，明显感觉到，与会者身上的压力大了很多。

为什么？因为在过去，这些跨境电商创业者的竞争对手是传统外贸。这种结构性优势，让整个行业享有红利。随后，投身到跨境电商的人越来越多。这些跨境电商创业者的竞争对手，是其他跨境电商创业者。

他们彼此之间是没有结构性优势的。这时，他们只能比管理效率和品牌价值。那些没有积累这方面优势的创业者，很快就把红利还给了市场，开始赚微薄的“吃也吃不饱，死也死不掉”的“工资”。而通过提升管理效率和品牌价值，把对手挡在外面的创业公司，可以始终保持增长，成为真正的公司。

红利，工资，利润。

红利终将消失。不管你抱住了左脚还是右脚，你最终必将从赚取红利的道路上，左转赚工资，或者右转赚利润。

那么，这中间真正的转折点在哪里呢？在于：

你有没有及时地挖“护城河”。

第二节 如何“右转”赚取利润

从线段型商业，到中心型商业，再到去中心型商业，每次商业进化的脚步落下，都会震碎传统的交易结构，释放巨大的红利。

红利，来自短暂的供需失衡。

在短暂的供需失衡之后，还有工资和利润两种收入。我们追求的是利润，那么如何持续赚取利润呢？我的解决方案是：挖护城河。（见图7-1）

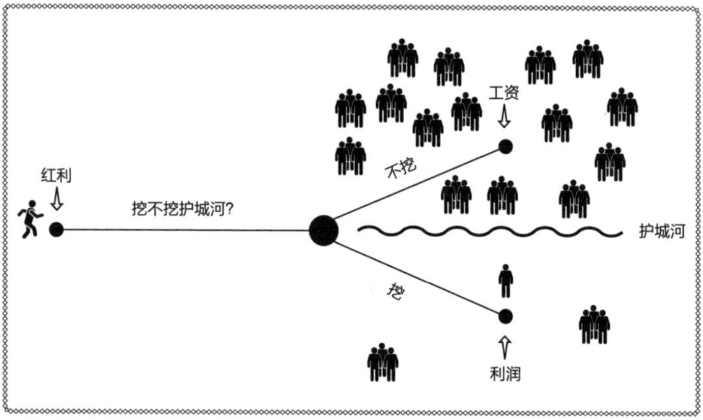

图7-1

什么是护城河？

护城河，就是你通过各种方式获取的易守难攻的战略优势。

很多人也把护城河叫作“壁垒”。

如果你去寻找投资，和投资人眉飞色舞地讲完自己改变世界的梦想后，投资人很有可能皱着眉头问你一个问题：

你的壁垒是什么？

很多创业者一愣，说：是我们的创新能力。

不对。

是我们坚持不懈的毅力。

也不对。

是对市场敏锐的把握。

都不对。

这些都是进攻城池的云梯、弓弩、投石器。壁垒，是不被这些武器攻破的城墙。只懂进攻，不懂防守，就是只有矛，没有盾。你攻破城墙后，下一个人会用同样的“云梯、弓弩、投石器”，再把你攻破。

在商业世界，顺势而为的正确姿势，必须有至少两步：

1. 顺应商业进化的方向，抓住“红利”；

2. 尽早就地开挖护城河，守住“利润”。

那商业世界的护城河，或者说壁垒，到底有哪些呢？

巴菲特把护城河总结为四类。我在四类之下，帮你提炼了八条。

第一类：无形资产，包括许可和品牌；

第二类：成本优势，包括规模和管理；

第三类：网络效应，包括用户和生态；

第四类：迁移成本，包括习惯和资产。

第一类护城河：无形资产

无形资产护城河，主要有两种：许可和品牌。

许可

许可这种无形资产，包括行政许可和专利许可。

在商业世界，“市场”真的是有效的吗？大部分情况下是。但有个前提：允许自由竞争。

上一节我们说过，真正的利润，来自没有竞争。

那怎么才能获得利润？一种显而易见的办法就是，进入不允许自由竞争的市场。这个市场，被一条叫作“许可”的护城河守卫着。

什么是许可？许可，就是我能做，但你不能做的事情。

在不少国家，最赚钱的企业很多都是银行。那你可以开银行吗？对不起，不行。因为开银行，需要准入许可。这份准入许可，就是银行的护城河。有了这条护城河的保护，你只能看着银行们在城堡里赚钱。

不能开，你还说，那不是白说吗。

不是白说。因为虽然你已经大概率拿不到开银行的“许可”，但在商业进化道路上，传统的交易结构不断被震碎，总有一些新的价值被明显低估的“许可”震出来。

这，就是你的机会。

前面提到过成立于17世纪的荷兰东印度公司。大老远从荷兰跑到东印度群岛开发市场，这风险太大了。谁愿意干谁干吧，反正我不干。

在大部分人都不看好时，荷兰东印度公司向政府申请去开发殖民地，但是远赴重洋那么艰苦，政府得给一个独家经营的“许可”吧。

持有这个“许可”，荷兰东印度公司多年开发之后，成为世界上最富有的私人公司，拥有超过150艘商船、40艘战舰、5万名员工和1万名雇佣兵。

为什么？因为它看到了英国和东印度群岛之间建立“连接”带来的交易结构巨变，然后用极其有远见的眼光，拿到了价值被低估的“许可”。

今天的商业社会，也有大量的价值被低估的“许可”。

有一种商业模式，叫作BOT（Build-Operate-Transfer）。有些政府和企业想上一个项目，比如修桥造路，可是钱不够，怎么办？

这时，有些企业会和这些机构说，我出钱帮你建，桥的所有权归你，这就是“Build”；但是你给我10年的独家运营权，我用过路费来收回投资，这就是“Operate”；10年后，我把桥的运营权转回给你，这就是“Transfer”。

Build-Operate-Transfer，BOT的本质，就是一种“许可”。至于这份行政许可是否被低估，就看你的眼光了。

类似这种行政许可，还有很多商业特许经营的例子，比如某个海外产品在中国的代理权，某个中国产品在陕西的经营权，以及各种认证、资质等，都是为了把对手排除在利润区外，减小竞争。

行政许可，有时是你无论如何都得不到的。但是，专利许可可以。

中国有一家公司因为拥有10万多项专利而取得巨大成功：华为。

大家都知道，华为的5G技术（第五代移动通信技术）领先于世界。这是国人的骄傲。但是，华为是什么时候开始研发5G技术的呢？2009年。而在那个时候，网络上还有人在讨论3G有没有用，3G是不是骗子。今天，华为拥有的5G核心技术专利达1 600多项，全球排名第一。

在3G时代，几乎每一部手机都要给高通公司交3%~5%的专利费，俗称“高通税”。而到了5G时代，全球与5G相关的公司都要向华为交钱了。

这就是专利许可赋予华为的“护城河”。你恨得牙痒痒，也绕不过我的护城河。想过河，请交钱。

品牌

你说，我的行业没什么技术含量，怎么挖“无形资产”的护城河呢?

那你可以坚持不懈地挖一条深深的叫作“品牌”的护城河。品牌的价值体现在三个层次上，分别是“了解”、“信任”和“偏好”。

“了解”，就是知名度，这需要用钱来挖。

宝洁一年投入几十亿美元，没日没夜地打广告。这么多钱投下去，有什么效果？

效果就是，你去买洗发水：

如果你头屑多的话，你会买什么？海飞丝。

如果你想让头发柔顺一些，买什么？飘柔。

如果你想让染的发不掉色，买什么？沙宣。

如果你想滋养头皮呢？潘婷。

如果你想买纯天然的洗发水呢？伊卡璐。

这都是谁告诉你的？宝洁。

“信任”，就是美誉度，这需要用时间来挖。

品牌，就是你递给消费者的一把刀：我要是对不起你，你就拿这把刀捅“死”我。

谁都有可能犯错，只不过犯了错，要认怂、认错、认赔。这样消费者就不会动刀子捅你，假以时日，他们就会真的信任你。

这就是为什么同仁堂有那句古训：

炮制虽繁必不敢省人工，品味虽贵必不敢减物力。

“偏好”，就是忠诚度，这需要用感情来挖。

请问，你更喜欢吴亦凡，还是蔡徐坤？这个问题，就算打起来，双方的粉丝最终也是谁都说服不了谁。这就是偏好，是长时间活动建立的感情使然。这种基于偏好的品牌价值，最终会让你就算有点不如别人，粉丝也会捍卫你，而不是抛弃你。

很多创业者喜欢说，我的产品和某某大牌一模一样，还比它们便宜，它们赚了不该赚的钱。

大品牌是不是应该比同品质的创业者多赚钱呢？

答案很扎心：当然应该。

为什么？因为大品牌用长时间建立的品牌信任，降低了消费者在无数小品牌之间的“比较成本”等交易成本。消费者买大品牌的产品，成本更低，风险更小。而买你的产品，可能就是一次冒险之旅。

这就是品牌的护城河。所以记住：大品牌就该多赚钱。你要做的不是羡慕嫉妒恨，而是拿起铁锹，默默地深挖这条护城河。

第二类护城河：成本优势

许可和品牌，是你“无法看见”的护城河。从线段型商业，到中心型商业，再到去中心型商业，一旦抓住商业进化带来的机遇，你要立刻开挖“被低估的许可、被信任的品牌”这两条护城河，把红利变成利润。

如果我们的行业确实是“完全自由竞争”，没有准入许可呢？我们也是个新创立的弱势品牌，来不及瞬间强大呢？

那你可以试试挖一条叫作“成本优势”的护城河。这条护城河很不好挖，不过一旦挖好，就固若金汤。成本优势护城河，包括两种形态：规模和管理。

规模

商业中，有个非常基本的“成本公式”：

成本=（固定成本/销售规模）+变动成本

现在，我要挖“成本优势”的护城河，降低成本，怎么挖？

根据公式，有三种挖法：

1. 降低固定成本（比如降低生产线的投入）；
2. 降低变动成本（比如降低原料采购价格）；
3. 提升销售规模。

小米的选择：提升销售规模。

2019年6月，在《刘润 · 商业洞察力30讲》的毕业酒会上，我邀请了小米的联合创始人刘德来做分享。刘德讲了他们产品的案例。

假如做一个智能手环的固定成本是1 000万元（包括设计费、开模具、投入生产线），变动成本是60元（包括芯片、电池、包装等）。你怎么定价？

这和销售规模有关系。

小米说，我至少卖1 000万个。那么1 000万元的固定成本，摊薄在1 000万个手环上，只有1元钱。加上60元的变动成本，卖61元就不亏。

但是，小米真的能卖1 000万个吗？赌赌呗，谁怕谁。

现在，你是一个创业者，你也来做智能手环了。你觉得你能卖多少个？

我估计卖不到1 000万个吧。先说10万个？

好。1 000万元的固定成本，摊薄在10万个手环上，每个要100元，加上60元的变动成本，你要卖160元，才不亏。

小米的61元，对你的160元，你觉得谁更有竞争优势？

这个规模，就是小米的“成本优势”护城河。

那我也可以赌啊。你试试看，你未必敢。

再比如我在得到App上的课程《刘润·5分钟商学院》卖199元。为什么是这个价格？

要保证《5分钟商学院》的输出品质，每一个5分钟，我都需要投入5~7个小时的时间。一年300多节课，是巨大的时间成本投入。

我算了一笔账，以我的时间单价来算，我大概投入了800万元来做这门课程。定价199元，我必须卖出8万份，和平台对半分后，才能收回成本投入。

到现在为止，这门课的销售规模远超8万份。

这个世界上，有没有商业讲得比我好的老师呢？肯定有。只不过，当这样的输出品质和规模的课程，已经被定价在199元了，如果他的时间成本也和我一样的话，那他就需要做出一个判断：有没有信心卖出8万份？

因为只要卖不到8万份，他就必须明知亏损，也要硬着头皮做完全年的课程。这要冒非常大的风险。

199元之下的8万份，是我对“规模”下的重注，挖的护城河。

如果你确实觉得自己看准了商业进化的方向，就可以用“一把全压”的方式直接上规模，把竞争对手吓退在护城河之外。

管理

有一句话我想分享给所有读者：管理是永远的护城河。

每一家公司的创立，都是一个婴儿来到世间；而每一位创业者，都是它们那未经培训的父母。没有做过经理，从来没有认真学过管理，就开始做老板。他们要么把公司照书养，要么把公司当猪养。

创业者们最喜欢讨论的，都是战略问题。比如我们进军哪个市场？我们用什么策略诱敌深入、一网打尽？

创业者们最喜欢关注的，都是产品问题。这个包装的材质不够好，这个按钮的颜色不够高级，这个流程的设计不够流畅。

创业者们最烦心的，都是管理问题。比如：

过去3个团队能做的事情，现在能不能一个团队做？

过去15天干完的事，现在能不能3天干完？

7个步骤，能不能并成6个步骤？

这笔钱能不能不花，或者少花25%？

这些都是管理。

战略是恢宏的决策，管理是每日的功课。因为默默无闻，所以总被人忽视。

黄铁鹰老师写过一本书《海底捞你学不会》，人人都知道海底捞服务好，但就是学不会。

客户想要把剩下的西瓜打包，服务员就给他打包一个西瓜。你也给客户一个西瓜。排队等位时，海底捞给客户免费美甲。你也给客户免费美甲。客户在店门口看人吵架，海底捞端个小凳子给客户，让他站得高看得远，说：我们已经有店员去打听怎么回事了，一会儿回来给您汇报。你也给店里买了很多小板凳。

但是，你的生意就是不如海底捞，怎么都学不会。

所以黄铁鹰老师说“海底捞你学不会”。而今天，我要告诉你，海底捞的服务，你为什么学不会。

因为海底捞有一条护城河。这条护城河，不是那些“人类已经无法理解的服务”，而是让员工不断创造这些服务的管理机制。

比如，海底捞是如何发工资的?

海底捞的薪酬制度中，有一项现代化公司难以想象的、极度奇葩的安排：把一部分工资，发给员工的父母。

什么意思?

具体来说，海底捞会根据员工的业绩，把一部分奖金（200元、400元，或者600元），以“父母补贴”的形式，直接寄给这位员工在老家的父母。

你想想，如果你是这位员工的父母，每月收到海底捞发的

"父母补贴"，你是什么感觉？

你肯定更经常和街坊邻居串门了：

我们家孩子的单位啊，又给我寄钱了。真是。说了不要寄不要寄，他们偏要寄。这孩子也真争气，加入效益这么好的一家单位。来来来，这顿饭我请。

万一这个月绩效不好，只收到200元呢？立刻打电话过去了：

孩子，这个月我怎么只收到200元啊？是不是你没有好好干活啊？你要努力啊！不要偷懒啊！

海底捞不用鞭策员工，员工的父母会帮它鞭策。你说，海底捞，你是不是学不会？

比如，海底捞是怎么给店长分红的？

店长可以在一家店面分红。但是分红方案，有两个选择。

A. 获得其店面利润的2.8%。

B. 获得其店面利润0.4%的干股分红。虽然少，但是该店长还可以获得其徒子店面3.1%的分红，获得徒孙店面1.5%的分红。

如果你是店长，怎么选？

只要一个徒弟去开了一家新店，你至少能拿3.5%（0.4%+3.1%）的分红，比自己干好多了。

海底捞不用鼓励收徒。店长会主动教徒弟，并鼓励他出去开店。你说，海底捞，你是不是学不会？

你能做到，别人做不到，你就在成本上拥有优势。管理所带来的成本降低，永远都是一条深深的护城河。

第三类护城河：网络效应

许可，就是我能做，但你不能做的事情；品牌，就是用户的了解、信任和偏好。

无形资产，是你无法看见的护城河。

规模，就是用销量，摊薄了固定成本；管理，就是用机制，提升了运营效率。

成本优势，是你学不会的护城河。

可是，我没有无形资产，也不懂降低成本怎么办呢？

那你可以试试“网络效应”护城河。这条护城河就厉害了，它是有生命的。一旦挖成功，就会自我生长，越来越强大。

它通常有两种形态：用户和生态。

用户

请问，你可以用中国移动的手机，给联通的朋友发短信吗？

啊？可以啊，当然可以。难道不可以吗？

是的，确实可以。很多人把短信互通，当成“这还用问”的理所当然。但是，很多人并不知道，移动和联通之间的短信互通，从2002年5月份才正式开始。

2002年之前，我想买个手机号码，加入一家运营商。请问我会怎么选？

不能互发短信，当然选我朋友们都加入的那个运营商啊，这样才又方便又便宜。移动用户多，那我加入移动。你加入移动后，你的朋友呢？因为你的加入，就更会加入移动。

这就是“用户”这条护城河的神奇之处：用户越多，就用户更多。

2002年5月，国家出台政策，要求移动、联通必须互发短信，刺穿这个“网络效应”。

你猜然后怎样？移动把向联通发的短信，定价为0.15元一条；而发给“自己人”，定价为0.1元。吸引你留在护城河内，做“自己人”。

记者问：为什么发给联通的贵？答：跨网成本高。

真的是跨网成本高吗？联通把向移动发的短信，定为0.1元一条。同样跨网，联通就便宜。为什么？移动用户，你们都到我的护城河里来吧。

小灵通一看，赶紧把短信定为8分钱一条。来吧，都来吧，我的护城河更舒服。

后来，所有运营商之间的短信，统一为0.1元。自此之后，消费者不用再去考虑身边人用的什么网络，而只关心各自的服务等级。

运营商之间的这场“诸神之战”，本质上是抢挖“用户”这条护城河之战。

那我没有运营商那么大呢？是不是也能挖这条“用户越多，就用户更多”的护城河呢？

如果你是一个旅行机构，可以不仅考虑经营目的地资源、旅行体验，更要同时经营同行者之间的深厚感情。用户们一旦从陌生走向熟悉，产生彼此依赖的网络效应，下一次一个人“说走就走”，其他人就会“You jump, I jump”（你跳我就跳）。

其实，微信也是一样。微信现在有超过11亿用户。用户数量形成了巨大的护城河。阿里巴巴的来往、网易的易信、罗永浩的锤子短信做得再好，都无法攻破“用户数量”这个网络效应的护城河。

如果想击穿微信的网络效应，其实只需要做一件事：

强制要求微信、支付宝、来往等，互相可以加好友。

这时，你装微信还是支付宝，只会是因为哪个好用，而不是哪边的朋友多了。

生态

你有没有用过世纪佳缘或者百合网?

当世纪佳缘上的男生女生都不多时，一个男生上来搜索有没有合适的结婚对象，发现没有，觉得网站没什么价值，就走了。一个女生上来一搜，也没搜到，她也走了。他们俩都走了，这个平台的价值就下降了。其他人上来搜，发现更没价值了，也不来了。

你发现没有，这个时候男生和女生的数量，彼此刺激着，越少就越少。

假设不知道为什么，有一天，世纪佳缘上的用户突然多得不得了。这时候，一个男生上来一搜，哇，这么多条件匹配的女生啊。于是他会留下来和几个女生聊一聊。一个女生上来一搜，也发现匹配的这么多，于是也会留下来，和几个男生聊一聊。

平台的总价值，因为他们俩的留下，越来越大。其他人上来搜，就更愿意留下来了。

你发现没有，这个时候男生和女生的数量，彼此刺激着，越多就越多。

“越少就越少，越多就越多”，这中间一定存在一个临界点。过了这个点之后，用户就会自我增加，易守难攻，形成护城河。

这就是男女双方彼此刺激形成的“生态”，又叫“双边网络效应”或“多边网络效应”。

这种生态，是很多企业最重要的护城河。比如说微软的开发者和用户之间，淘宝的买家和卖家之间，苹果的App和手机用户之间，小米的万物互联设备和海量用户之间。一旦生态建立起来，用户就很难逃离这个生态，这就相当于挖出了一条深深的护城河。

用户，是单边网络效应；生态，是多边网络效应。

从线段型商业，到中心型商业，再到去中心型商业，我们到底应该如何深挖网络效应的护城河，把时代砸到头上的红利，变成利润呢?

坚持深挖，直到挖到一个特殊的位置：临界点。因为一旦挖到了临界点，用户和生态就会像拥有生命一样，自我成长。而你，就能拿走桌面上所有筹码，赢家通吃。

挖网络效应这条护城河，真正的胜利不是发生在终点，而是发生在临界点。

怎样才能首先挖到“临界点”？借助“资本”这只铁锹，给游戏加速。

怎么加速？

首先，你要把产品做得足够好；但这远远不够，你还要把产品免费；免费还不够，你就要靠补贴；补贴还不够，你就要比别人补贴得更快。

大量的资本，推动着创业者向“临界点”一路狂挖。百分之一的创业者，率先挖到临界点，获得“网络效应”降临带来的最终胜利。而赌对的资本，也将获得百倍的财富。

那没赌对的资本呢？

别为他们担心。资本玩的，其实是一个概率游戏。他们下注的，远远不止这一个项目。他们可能下注了100个项目。

这些项目中，只要有1个率先挖到了临界点，就能获得百倍的成功，足够收回其他99个项目的损失。如果因为眼光好，投中了2个或者3个，那就可以赚得盆满钵满了。

这是一枚在空中翻滚的、令人惊心动魄的硬币。硬币的一面，是九死一生的创业；另一面，是千金一赌的资本。

第四类护城河：迁移成本

前面的三类六种护城河，是防止竞争对手进来，而第四类迁移成本护城河，则是防止用户出去。

迁移成本的护城河，包括两种：习惯和资产。

习惯

什么叫“习惯”？为什么“习惯”也是护城河？

我是一个南京人，1999年才去的上海。

南京有一句俗话，没有一只鸭子能游过长江。

为什么？

因为都被南京人吃掉了。板鸭、盐水鸭、鸭油烧饼、鸭血粉丝汤，无数种让鸭子闻风丧胆的吃法。

身为南京人，我从小就特别喜欢吃鸭血粉丝汤。到上海之后，发现上海也有很多鸭血粉丝汤店，最著名的就是妯娌。我第一次看到这个店时，虽没有泪流满面，但也像见到亲人一般，迫不及待地尝了尝。

但是……这也太难吃了。

上海人民真是生活在“水深火热”之中啊。等我腾出手来，一定开一家鸭血粉丝汤店，拯救上海人民。

直到有一天，我去广州给一家著名的投资机构天图资本讲课。讲课前，我和天图资本的总经理冯卫东一起吃饭。边吃边聊，聊到他们投资的公司，冯卫东说他们投了妯娌。

什么？你们居然投了妯娌？这也太没眼光了吧。这个妯娌怎么能吃啊，原来是你们投的，这个太难吃了。真正好的鸭血粉丝汤在南京，比如，这家叫某某的，那家叫某某的，等等等等，这些才是真正好吃的鸭血粉丝汤。

冯卫东说，你说的这家是不是在这条街？那家是不是在那个巷子？

对啊。

其实你说的这些家，我们都去过了，最后我们还是选择投资妯娌。

为什么呀？

他说，你认为的正宗和好吃，可能并不是因为它好吃，只因为你从小吃习惯了。南京人民觉得那种鸭血粉丝汤好吃，而全国人民可能并不喜欢。

那一刻，我突然有种被打了一拳的感觉。

我是一个典型的中国胃，特别不爱吃西餐。我最爱吃的东西，是火锅、烧烤、小龙虾。这也是我的“习惯”，这把“习惯锁”，把我牢牢地锁在了自己的口味之内，无法迈向全球美食的广阔天地。

我们都会被一些习惯“锁”在某个禁闭的城池里，如果你的产品有个“习惯框”，那就是一条用户很难逃离的护城河。

举个例子，很多人用苹果手机。听说华为、小米也不错，就忍不住试试。上手之后，发现完全没法用，这个按钮在哪里，那个功能在哪里，怎么都找不到。

比如，苹果手机开锁的方式，是用户非常习惯的滑块，而华为和小米的开锁方式都不是。为什么？因为苹果为这种“滑块解锁”的方式申请了专利，然后用这个专利把用户锁在“习惯框”里。

最后，不少用户只好放弃华为和小米，回到苹果阵营。回到被苹果的“习惯锁”禁闭的城池的那一刻，用户反而神清气爽，对城池里的其他人说：

你还别说，手机还真就是苹果好用。

同样，用惯华为、小米的人，也很难“习惯”苹果。这两大阵营的用户都认为自己用的是最好的，但他们不过都是被“习惯框”锁在了各自的护城河里而已。

资产

前面我们说到中国移动和中国联通，在不能互相发短信时，用户更多的中国移动，就有了一条“拥有生命，越生长越强大”的网络效应护城河。

这条护城河，在2002年5月，随着互发短信变为可能，而被刺破。

那么，中国移动和中国联通之间，这场“深挖护城河”的战争，就此结束了吗？

当然没有。

2019年11月27日，工信部正式宣布运营商必须在全国范围提供“携号转网”服务。

什么叫“携号转网”？就是说，你可以从中国移动的用户，变成中国联通或者中国电信的用户，而手机号码不变。

其实早在10年前，工信部就一直要求三大运营商携号转网。

大家磨磨蹭蹭，不断试点，但就是迟迟不在全国实施。

现在终于在全国实施了，但去营业厅办理过携号转网的人表示，简直太难了。

你会发现，总有一些套餐让你无法转网。即使没有阻止转网的套餐，你也会发现，你购买的靓号合约期让你无法转网。

如果没有靓号，也没有套餐，坚决要转呢？就让你去很远的营业厅办理转网。

为什么“携号转网”这么难？

因为手机号码是用户的核心资产，它是防止用户逃离的极其重要的护城河。

我的手机号码用了18年，通讯录里有5 700多位联系人，我已经没有办法逐个通知这5 700多人说我换号了。

另外，我的手机号码还注册了各种App，甚至我都忘了注册过哪些App。如果不能携号转网，这些App就都登录不了。而原来的手机号码一旦分配给了别人，他甚至有可能用验证码的方式，登录我的账号。

手机号码，对用户来说已经是无法抛弃的重大资产，你用的时间越长，越不能换。

只要运营商掌握着用户手机号码这种核心资产，用户的迁移成本就会非常高。现在你应该知道，为什么携号转网非常难了。因为那就是一把锁，把你锁在它的护城河之内的“资产锁”。

那如何利用“资产”护城河，防止用户流失向竞争对手呢？

用户的个性化数据，可以是这把资产锁。

投资公司，可以根据用户的个性化数据，提供更有针对性的投资方案；酒店，可以在用户入住前，提前准备好他喜欢的报纸和水果；社交App，可以免费把用户的聊天记录存在云端；等等。

利润，来源于没有竞争。

如何才能实现没有竞争？在赚到红利后，要迅速挖你的护城河，保护你的“地盘”不会被竞争对手侵入，也保护你的用户不会迁移出去。

每一位创业者，都应牢记这八种护城河：

第一类：无形资产，包括许可和品牌；

第二类：成本优势，包括规模和管理；

第三类：网络效应，包括用户和生态；

第四类：迁移成本，包括习惯和资产。

第三节 谱写你的商业未来史

你能看到什么样的历史，你就能看到什么样的未来。

如果你认为人类历史是一部王侯将相史，权力斗争、朝代更迭，那你就会用军事力量的对峙和国家力量的均衡的视角，预测未来。

如果你认为人类历史是一部科技进步史，科学探索、发明创造，那你就会用科技想要什么，我们能做什么的视角，预测未来。

如果你认为人类历史是一部基因进化史，物竞天择、适者生存，那你就会用多巴胺、内啡肽、催产素对人的控制机制，预测未来。

如果你认为进化的动力是“连接”，商业的本质是“交易”，那你就会用“交易+连接”这副洞察力眼镜，透视商业进化的方向。

商业进化的方向，就是从“交易成本=∞，网络密度=0”，不断迈向“交易成本=0，网络密度=100%”的方向。

在本书中，我们分别回答了5个问题。

（一）商业到底是什么？

三句话：

（1）商业的本质，是“交易”；

（2）信息不对称和信用不传递，让交易过程遭遇“阻力”；

（3）所谓商业进步，就是用越来越低的“交易成本”，克服阻力。

（二）商业为什么能进步？

连接，是进化的动力。

铁路、公路、集装箱，这些物理连接，造成空间折叠；电报、互联网、万物互联，这些虚拟连接，造成时间坍缩。

因为空间折叠、时间坍缩，两个原来被时空隔绝的交易节点，站在彼此面前，跨越时间握手，交易变得“瞬间唾手可得”。

（三）商业从哪里来？

商业从“交易成本=∞，网络密度=0”的原始商业社会，顺着小农经济、中心型商业社会，一路走来。

每一次商业的进化，都是交易结构的巨变。

用创新的办法，战胜“信息不对称”和“信用不传递”这两条恶龙，降低交易成本的创业者，都获得了划时代的成功。

（四）商业到哪里去？

商业继续经由去中心型商业，向着“交易成本=0，网络密度=100%”的全连接型商业，绝尘而去。

所有理所当然的现在，都是曾经看起来不可能的未来。所有现在看起来不可想象的未来，可能都是明天理所当然的现在。

未来已来，只是尚未流行。

（五）我们如何顺势而为?

不要把外部的红利，当成内部的竞争力。想顺着商业进化的方向，顺势而为，获得属于自己的划时代的成功，至少需要两个步骤：

（1）顺应商业进化的方向，抓住“红利”；

（2）尽早就地开挖护城河，守住“利润”。

无形资产、成本优势、网络效应、迁移成本，这些护城河，你必须至少拥有其中一种。

先发优势不是护城河，先发优势只是给了你挖护城河的时间，让你有机会把红利变为利润，而不是工资。

现在，我想从整个世界，回到你的身上。

研究一切别人的历史，都是为了创造“你的未来史”。每个人在商业进化的道路上，都有四种可能的未来，四种“未来史”的大片预告，你选哪一种?

第一种，“劳动者”的未来史。（见图7-2）

劳动者，生活在一个成熟的商业世界里，一个结构固化的交易网络里。至少他们认为是这样。劳动者看不到在悄悄推动商业进化的连接的力量，看不到网络密度的不断提升，更不相信交易成本会降低。

他们勉强找到一个生态位，然后苦苦支撑。他们在打工，他们在创业。即使在创业，其实也只是在为这个社会打工而已。

劳动者，没有抓住商业进化的红利，也没有尽早挖出护城河，他们只能赚取微薄的社会工资。他们活也活不好，死也死不掉。因为稳定的结构，是没有巨大的新机会的。

你愿意选择“劳动者”，作为“你的未来史”的剧本吗？

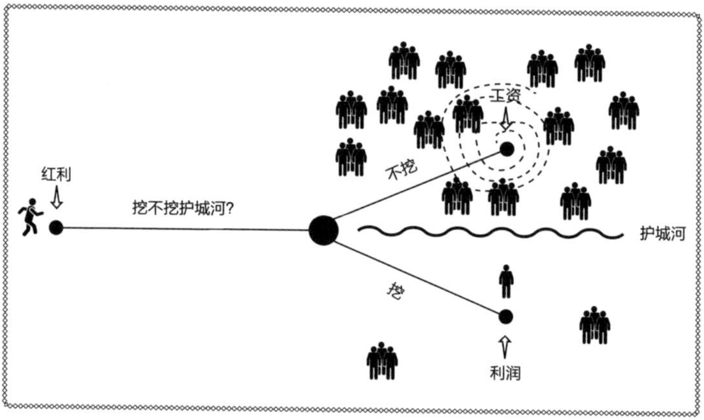

图7-2

第二种，“中奖者”的未来史。（见图7-3）

中奖者很幸运。

首先，他生活在了一个交易结构突然巨变，导致短暂供需失衡的商业时代。一个个新的、高价值的生态位，因为这些失衡，被创造出来，然后砸向密布的交易节点。

有些交易节点，因为有“连接+交易”的洞察力眼镜，看到了这些生态位，主动迎上前去，因此收获了巨大的红利。有些仅仅是因为运气好，闭着眼睛也被红利砸中。

祝贺他们中奖了。他们是中奖者。

但是，他们要么把外部的红利当成内部的能力，要么认为红利雨会一直下下去，因而没有去挖护城河。

与红利相伴相生的竞争紧跟而来，短暂的供需失衡迅速消失。中奖者挥霍完自己的运气，只能赚工资。他们不服气，跑向他们认为的下一个红利，但总是失望而归。

中奖者，把靠运气赚来的钱，凭实力赔光。

你愿意选择“中奖者”，作为“你的未来史”的剧本吗？

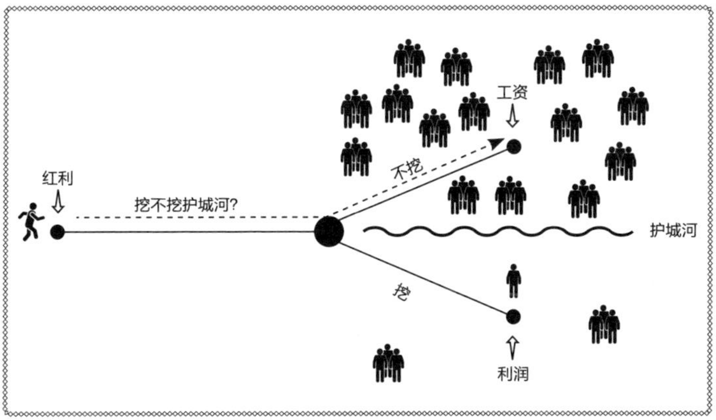

图7-3

第三种，“套利者”的未来史。（见图7-4）

这个世界上有一种人，是天生的猎人，永远不可能做农夫。生命给了他猎枪，但没有给他锄头。他只会到处狩猎红利，但绝不会在地里耕种利润。

他们就是套利者。

套利者，永远都在追逐红利，从一个风口赶到下一个风口。有时候，他们会因为巨大的“红利”，吃得饱到无法动弹；有时候，他们会因为很久没有找到“机会”，而饿好几天。

套利者虽然有非常敏锐的听觉和嗅觉，经常能感知机会的方向，但他们没有城池，没有土地，他们是商业世界里永远的狩猎民族。

他们总是在问：最近哪个行业好做啊？

3D打印火的时候，他们在做3D打印；互联网金融火的时候，他们在做互联网金融；社交电商火的时候，他们在做社交电商。

不去挖护城河，永远没有沉淀，一辈子疲于奔命。

你愿意选择“套利者”，作为“你的未来史”的剧本吗？

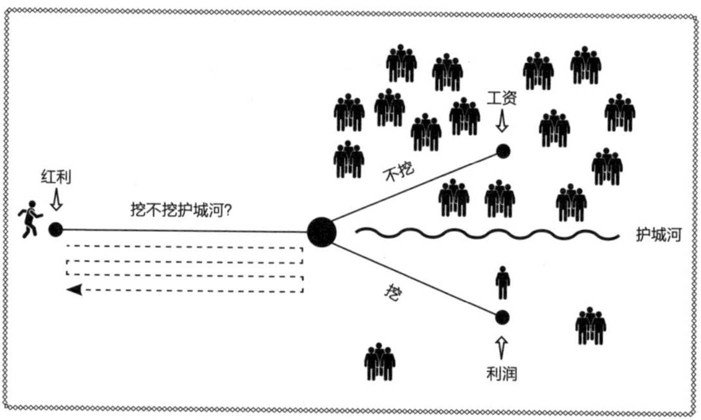

图7-4

第四种，“取势者”的未来史。（见图7-5）

取势者，会主动戴上“连接+交易”的洞察力眼镜，不断透视

“连接”方向，寻找提升“交易”效率的工具。因为他们知道，那就是红利雨降落的方向。

一旦看到红利，他们会利用短暂的供需失衡，占领一个新的高价值的生态位，但不会得意忘形。他们不会把红利拿回家，而是用它们来深挖护城河，把竞争对手挡在外面，把用户留在里面，从而获得真正的利润。

取势者懂得：真正的利润，开始于没有竞争。

然后，取势者会一边享受着源源不断的利润，一边继续戴上“连接+交易”的洞察力眼镜，顺着商业进化的方向，寻找新的红利，创造第二曲线、第三曲线。

取势者，永远不会把自己放在时代的对立面。

你愿意选择“取势者”，作为“你的未来史”的剧本吗？

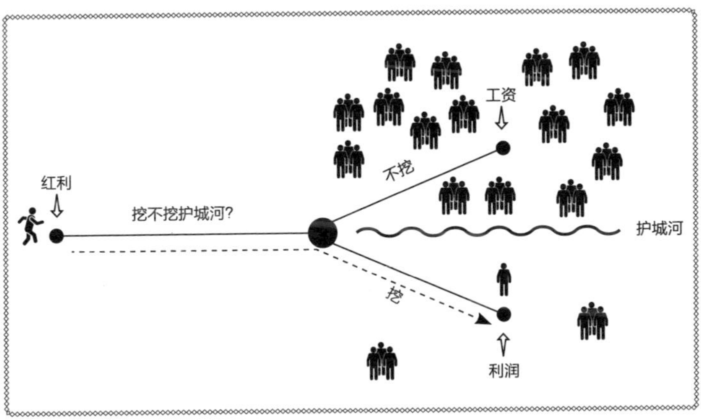

图7-5

我们非常幸运，没有生在商业原始社会。那时太荒蛮，网络密度=0，交易成本=∞，万物不可交易，黑茫茫一片。那时的我们，不需要商业。

我们非常幸运，没有生在全连接型商业文明时代。那时太科幻，网络密度=100%，交易成本=0，万物瞬间交易，看都看不清。那时的商业，不需要我们。

我们生在气势恢宏的中心型商业文明，和如漫天繁星般的去中心型商业文明的交替时代。在这个交替的时代，旧的交易结构正在断裂，新的交易结构正在形成，到处都是“短暂的供需失衡”。

这样的时代，才是一个需要创业者的时代，一个需要企业家的时代。

在这个精彩纷呈的时代，绝大部分都是勤奋的劳动者在默默耕耘，你也会听到中奖者欣喜若狂的叫声，看到套利者此起彼伏的身影。

但是，商业世界的未来史，最终是由取势者谱写。

祝愿你能在商业那个注定辉煌的未来，选好你的剧本，书写“你的未来史”。